数字化生活新趋势

数字化时代的
HR实战宝典

众合云科研究中心　著

编　委

余清泉　胡万军　张铁　庚鑫　徐晨
杨守国　方兴　刘上　洪广岫　胡黎黎

電子工業出版社
Publishing House of Electronics Industry
北京・BEIJING

图书在版编目（CIP）数据

数字化时代的HR实战宝典 / 众合云科研究中心著. —北京：电子工业出版社，2022.1

（数字化生活. 新趋势）

ISBN 978-7-121-42310-9

Ⅰ. ①数… Ⅱ. ①众… Ⅲ. ①企业管理－人力资源管理 Ⅳ. ①F272.92

中国版本图书馆CIP数据核字（2021）第226221号

责任编辑：周　林　　特约编辑：田学清
印　　刷：天津千鹤文化传播有限公司
装　　订：天津千鹤文化传播有限公司
出版发行：电子工业出版社
　　　　　北京市海淀区万寿路173信箱　　邮编：100036
开　　本：720×1000　1/16　印张：16.5　字数：222千字
版　　次：2022年1月第1版
印　　次：2022年1月第1次印刷
定　　价：68.00元

凡所购买电子工业出版社图书有缺损问题，请向购买书店调换。若书店售缺，请与本社发行部联系，联系及邮购电话：(010)88254888，88258888。

质量投诉请发邮件至zlts@phei.com.cn，盗版侵权举报请发邮件至dbqq@phei.com.cn。

本书咨询联系方式：zhoulin@phei.com.cn，QQ 25305573。

前　言

随着时代的发展和经济环境的变化，企业对 HR 的工作也提出了新的要求。

作为一名 HR，你现在处于怎样的工作状态？你是不是有这样的困惑：工作每天都在做，为什么就是不出成绩呢？为什么得不到老板的重视？为什么总找不到解决问题的方法？我的工作价值是什么？我的职业发展方向是什么？HR 的工作似乎总是模模糊糊、似是而非的，很难准确定位问题所在，也很难找到解决问题的有效方法，你总是处在一种“心有余而力不足”的状态。

在数字化时代，如何才能改善 HR 当前的工作状态？通过哪些方法可以解决当下的问题，提升 HR 的工作效率，让 HR 与时俱进、与时偕行？HR 主要可从以下几个方面着手。

第一，重塑思维，聚焦核心价值，让思想戴上“望远镜”

HR 要具备创新思维，聚焦核心，提升人力资源管理的核心价值，通过创新的解决方案，做好全生命周期内的用户运营工作。同时，HR 还应有用户思维，到底谁才是人力资源管理的真正用户？是员工！要转变思维模式，实现由事务性工作模式向创新工作模式的转型，围绕员工开展工作才是正确的做法。HR 应如何培养用户思维？一是要深入挖掘员工需求；二是帮助员工摆脱困境并给其带来利益。

HR 应像产品经理一样具备产品思维，在员工能力提升方面应该给一些建议，或主动持续地做一些工作来帮助员工。HR 应如何做才能具备产品思维呢？一是通过现象挖掘员工真正的需求；二是确保设计的“产品”值得信赖，安全可靠；三是为设计的“产品”提供良好的服务保障体系。

除此之外，HR 还应具备多元化思维，如运营思维、效率思维、数字化思维、战略思维、顶层思维、品牌思维、专家思维等。

第二，建立新时代人力资源规划与管理体系

HR 将人力资源规划做到极致并不容易，需要从不同视角看待问题，包括公司运营视角、财务层面视角和业务流程视角。基于这三个视角，HR 能在工作中掌握全方位地看待问题、解决问题的能力。

HR 在建立人力资源体系时，要关注时代的变化，打造人力资源价值，引进优秀的人才。人力资源体系的建立要围绕招聘、培训、公司文化、绩效、业务规划等工作开展，这些工作之间是相互衔接、相互影响、相互作用的，这样才可以形成人力资源体系。

HR 要想建立新时代的人力资源体系，还要获得公司自上而下的支持，如高层的战略支持、业务部门经理的支持。我们还要明白，优秀的 HR 一定会为公司带来更大的价值，因此我们要从价值创造、价值评价和价值分配三个方面打造人力资源价值链。

不同特质的 HR 的工作及思维提升，对人力资源的价值不同。比如，交付型 HR 要面向员工交付结果；专家型 HR 面对问题能够提出专业化建议，并能指导交付型 HR 的工作；战略型 HR 能够让公司持续获得人才竞争优势，让团队最大限度地保持生产力，调动员工的积极性，擅于总结并建立完整的汇报机制，加强管理层对人力资源管理工作的重视；文化型 HR 能够寻找、塑造和传承公司文化，激发员工工作的积极性，将人力资源管理与文化相结合，使其产生更大作用。

处于不同阶段的 HR 的职业思考：从 HR 专员转为 HR 经理，再从 HR 经理转为 HR 总监，在不同阶段的不同岗位上，HR 的思考路径也不同。对于不同岗位上的 HR 如何做好工作，本书也会详细阐释，给出最直接的方向和落地方法。同时，HR 也要随着公司发展阶段的变化调整工作重心，积极主动变革，拥抱技能与工具的变化，优化自身的知识和能力。

第三，合规时代的用工管理与风险管控

HR 应建立用工管理的全局观，掌握用工关系的核心辨识逻辑，识别用工的本质，比如如何区分雇佣、劳务与经营。辨识的核心是依附性，依附性又分为人格依附性、劳动依附性和经济依附性。这是 HR 做好合规用工管理的基础。

在合规时代，HR 要重新认识员工的需求，积极拥抱技术以提高效率，要聚焦核心主业，将非核心岗位外包。让专业机构做专业的事，这是必然趋势。

HR 应掌握多种用工模式，包括标准用工模式、非标准用工模式和岗位外包模式，不同模式有不同的优势与劣势。在这个劳动力深度匹配的时代，HR 要做到人与业务匹配、人与岗位匹配、人与用工模式匹配，用工顶层设计将成为人力资源管理的重要能力。

企业用工会有风险，要想在合规时代避免或降低用工风险，首先，通过用工的三个阶段来分析、判断风险，其中，入职是争议的萌芽期，离职是争议的爆发期；其次，通过五维平衡模型的基础要素与含义，可以更清晰、更透明地发现问题，并解决问题。

第四，不确定时代的组织发展与激励措施

组织发展（OD）越来越重要，组织变革促进组织发展，这主要体现在两个方面：内部发展和外部发展。内部发展主要是对公司战略及员工行为进行不断优化，外部发展主要是提高公司应对外部环境变化的能力和解决问题的能力。HR 在实施组织发展战略时要从为客户创造更多价值、助力战略与文化发展、助力岗位与人才发展等入手，开展组织诊断、人才盘点、组织赋能、现代化组织管理等工作。

人力降本增效是大势所趋，而降本增效与薪酬绩效设计密不可分，HR 应如何进行有效的人力降本增效呢？

（1）经营判断优于法律判断，应将《中华人民共和国劳动法》作为底线，基于经营判断，采取适合本公司的做法。

（2）紧缩内部编制，加强用工弹性化，当外部环境不确定、经济处于下行期时，公司紧缩内部编制、加强用工弹性化是大趋势。

（3）非核心、低增值率的岗位服务化，HR 要重新识别核心岗位与非核心岗位、高效岗位与低效岗位，分别采取针对性的用工策略。

（4）降本增效，HR 大有可为，战略地位提升。

HR 要关注两个要点：一是以公司实际情况为出发点；二是保证薪酬和

绩效最大限度地发挥作用。HR 控制人力成本有三个要点：一是薪酬和绩效制度要和员工的价值观匹配；二是公司支付员工薪酬的实际能力；三是合理配置员工，避免成本浪费。所以，一套详细的薪酬设计方案很重要，什么样的薪酬设计方案是令人满意的呢？总结为三点：一是留住员工不能仅仅依靠提高薪酬；二是在设置薪酬前要进行人力成本测算；三是根据行业和公司的具体情况设置员工薪酬。

一个好的薪酬设计方案能为公司吸引优秀人才、留住忠实员工，HR 必须考虑自己公司的薪酬设计方案与竞争对手相比是否具有竞争力。HR 可以从员工的需求分析入手，通过著名的 KANO 模型进行需求分析和薪酬体系设计。

第五，HR 要进行数字化转型，人力资源管理越来越数字化

HR 的数字化转型能否成功，很重要的一点是不能违反人性，要帮助员工减轻负担和工作压力。HR 借助大数据、云计算、AI 等工具，可以加速工作的数字化转型升级，提高人力资源管理工作的效率。

HR 应该如何进行数字化转型呢？一是数字化工作场所，运用技能评估工具、视频面试、虚拟现实技术的应用等工作方式；二是数字化人力资源运营，智能分析员工特性，促进人岗协调，借助大数据实施动态管理，发挥员工的价值，给予员工自主权，提高员工的满意度；三是通过数字化决策，提升平台及数据管理能力、流程智能化能力等。

数字化时代的组织变革使得未来的组织更加灵活，在这种不确定的情况下，公司如何获得发展是 HR 需要思考的问题，当然，HR 也将更具有自主性。

希望通过对本书的学习，读者能快速掌握 HR 如何进行思维的转型升级、新时代人力资源体系的建设思路与方法、合规用工管理与风险管控顶层设计能力、组织发展与薪酬体系设计、HR 的数字化转型等内容。

建议读者在拿到本书后，不要马上从第一页开始看，可以先根据当前自身的工作情况及需要，选择最想突破或自己较薄弱的环节切入，再由学习的突破点延伸，找到自己的流程线，最后全面掌握整个 HR 工作升维法的精要内容。

希望读者朋友们能够学以致用，将学到的知识和技能更好地融入实际工作中。

本书若有不足之处，欢迎批评、指正。

目 录

第 1 章

思维重塑：聚焦核心价值

说起 HR 的思维重塑，就不得不提“微笑曲线”和“HR 三支柱模型”。“微笑曲线”是宏碁集团创办人施振荣于 1992 年提出的公司竞争战略，后来被应用于人力资源管理；“HR 三支柱模型”是由戴维·尤里奇在 1997 年提出的，现在已经成为人力资源部门的转型方向。

我们基于“HR 三支柱模型”，借鉴“微笑曲线”的框架，可以得出“人力资源微笑曲线”（HR Smiling Curve），如图 1-1 所示。

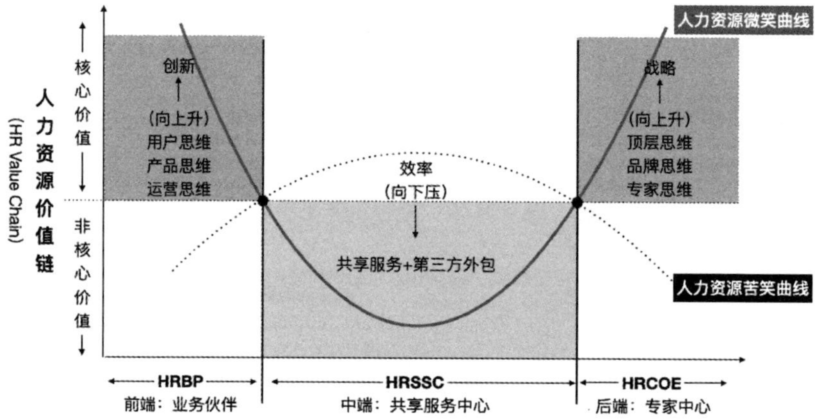

图 1-1 “人力资源微笑曲线”

如今，很多公司的人力资源部门才刚刚开始转型，重心仍然集中于中端（共享服务中心），前端（业务伙伴）和后端（专家中心）则比较薄弱，呈现出两头下压、中间上升的“人力资源苦笑曲线”的现状。在这种情况下，HR 虽然花费很多精力，但这些精力大多放在了事务性工作上，核心价值不高，对公司的贡献有限。

对 HR 来说，理想的模式和未来的发展方向是“人力资源微笑曲线”，即前端和后端都上升，将事务性工作逐步下压到非核心价值区域。为此，HR 应该聚焦公司的核心价值，重塑自己的思维，尽快从事务性人力资源管理迈向战略性人力资源管理。

1.1 创新思维

在“人力资源微笑曲线”中，前端是 HRBP，即业务伙伴。HRBP 更像是产品经理，需要向业务部门和员工收集需求，创新解决方案，针对用户画像做好全生命周期的用户运营。HR 要想顺利地向 HRBP 转型，除了挖掘需求以提升人力资源管理的核心价值，还必须建立创新思维，包括用户思维、产品思维、运营思维。

1.1.1 用户思维

用户思维来源于市场调研公司尼尔森的高管艾迪·尹的著作《超级用户》，书中引用了大量的权威数据，以苹果、丽思卡尔顿酒店、迪士尼等实施超级用户战略并成功的公司作为案例进行研究与分析。在《超级用户》中，艾迪·尹介绍了这样一个例子：苹果的“忠实粉丝”只要看到有新款的 iPhone 推出就会毫不犹豫地购买，他们就是所谓的“超级用户”。

如此看来，用户思维是一个营销概念，和 HR 有什么关系呢？人力资源管理主要管理“人”和“事”，这里的“人”就是用户，即员工。在用户思维的指导下，HR 的所有工作都要围绕员工展开，应用此思维进行人力资源管理可以使用“2W1H”模型，如图 1-2 所示。

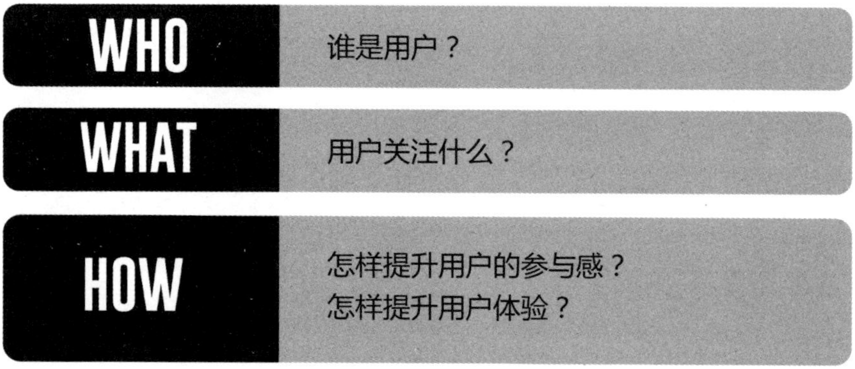

图 1-2　“2W1H”模型

（1）谁是用户？前面已经说过，人力资源管理中的“人”就是用户，即员工。

（2）用户关注什么？员工的关注点可能和公司管理者的关注点有差异，此时，HR 就需要在两者之间搭建桥梁，有效促使双方的利益达成一致。

（3）怎样提升用户的参与感？让员工参与人力资源管理的各个环节，使员工更深刻地理解人力资源管理并认可和肯定 HR 的工作。例如，某公司会让一些有经验的员工参与面试，为 HR 的招聘决策提供建议。

（4）怎样提升用户体验？提升用户体验的最佳方式是让员工满意，真正了解员工的想法，并以超出预期的方式实现其想法。例如，某 HR 在邀请候选人面试时会为其提供专车服务，这样可以提升候选人对公司的好感。

既然用户思维如此重要，那么 HR 应该如何培养这种思维呢？

首先，HR 要深入挖掘员工的需求或潜在需求。很多 HR 在到了一家公司后做的第一件事往往是起草人事管理制度，勾勒公司的组织架构图，开展工作分析，把自己弄得非常忙碌。然而，这样做的结果是人力资源管理工作没有起色，制度成为一纸空文。

领导不领情，业务部门怨声载道，导致人力资源部门"上不达圣意，下不得民心"，逐渐成为公司的众矢之的。其实，HR 应该想方设法了解员工的问题，并找出这些问题的症结所在，通过与业务部门管理者的沟通建立更深层次的认知，从整体上思考解决方案。

当然，在开展工作前，HR 要记得与公司的最高决策者就员工的问题进行深入探讨，了解其对问题的看法，继而判断其对解决方案的理解。因为 HR 构思的解决方案只有得到了最高决策者的认可和支持才有实施的可能，否则所有工作都只会虎头蛇尾，不了了之。

HR 要想让用户思维发挥作用，最重要的是通过诊断，了解业务部门的管理者和员工的需求。能够满足需求的解决方案才可以被广泛接受，并取得很好的效果。

其次，HR 要能够帮助员工摆脱困境。公司关心的是 HR 的工作能否真正起到作用。作为公司内部的人力资源管理者，HR 必须认真思考自己提交的解决方案是否对症下药，同时也应该思考如何让这个解决方案顺利实施。只要能够消除员工对解决方案的有效性的疑虑，HR 就能得到员工的认可，进而获得更多的资源和协助。

对 HR 来说，变革的方向、公司的发展阶段，领导的意见、耗费的人力和物力等都会影响解决方案的通过率和实施效果。此外，如果 HR

不能够让领导认识到自己的工作能给公司带来利益，那么就不要奢望解决方案会被认可。

随着环境的变化，公司的管理思路和手段也在变化。如何根据公司的发展实现人力资源管理的变革是每一位HR都应该思考的问题。在用户思维的指导下，HR必须创新管理思路，借鉴对工作有益的思想，让人力资源管理为员工带来利益，成为实现公司战略的基石。

1.1.2 产品思维

戴维·尤里奇认为，HR如果想创造更大的价值，就不能只关注人力资源管理的六大模块，更要关注成果和产出，从而促使公司取得成功。关于公司成功，有一个三角模型：公司成功=战略×组织能力，如图1-3所示。

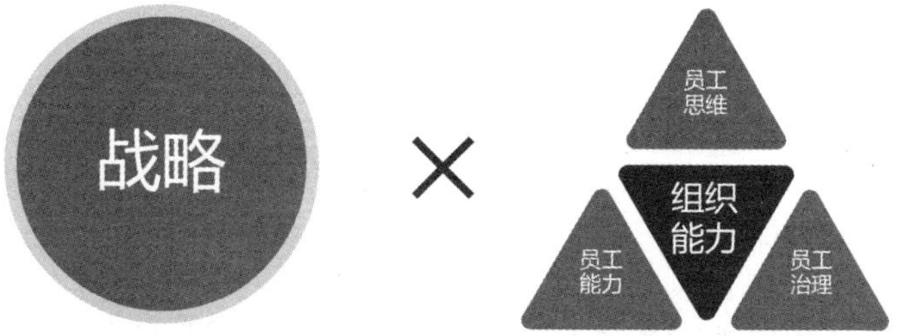

图1-3　公司成功的三角模型

在公司成功的三角模型中，组织能力受HR的影响比较大。组织能力包括员工能力、员工思维、员工治理，HR需要给员工一些建议，或者持续做一些工作主动帮助员工。

HR应该像产品经理一样具备产品思维，深刻理解战略的变化，主动分析应该采取什么措施应对这种变化。此外，HR也要寻找为员工解决问题的方法，然后不停试错，最终让这些方法落地执行。那么，HR 如何才能具备产品思维呢？可以从以下几个方面入手。

1. 通过表面现象挖掘根源，找到员工的真正需求

HR 要想将产品思维引入人力资源管理，就必须通过表面现象挖掘根源，找到员工的真正需求。例如，在某公司，很多刚刚毕业且入职尚未满 3 年的员工都选择跳槽。该公司花费了将近 3 年的时间对他们进行培养，就在他们即将成长为独当一面的骨干时失去了他们。

随后，HR 对这些员工进行访谈，收集信息，结果发现他们跳槽的原因和房子有关。原来，随着房价的攀升，即使该公司的加薪幅度比较大，也很难让有买房需求的员工产生安全感。于是，HR 立刻行动起来，针对接下来的工作总结出三个关键点。

（1）基于比较丰厚的投资回报和比较大的加薪幅度，以及让这些员工未来可以有属于自己的房子，公司需要做的是让他们的目标提前达成。

（2）如果这些员工想通过贷款买房，那么银行可能会以他们刚刚毕业、经济实力不足为由拒绝为他们提供贷款，公司应该想办法解决这个问题。

（3）公司的现金流比较充足，有能力为了留住人才而承受一定的资金投入。

基于上述三个关键点，HR 制订了安居计划：公司在不索取利息的情况下为符合条件的员工贷款，帮助他们提前买房。参与该计划的员工的流失率保持在 1%以下，这样既为公司保留了人才，又让员工享受到实实在在的优惠。

2. 确保“产品”值得信赖、安全可靠

正所谓“专业铸就质量”，好的“产品”应该是具有专业性的人力资源计划。很多HR制订的人力资源计划过于空洞，文字十分华丽，而领导关注的数据分析仅草草带过，不足以支撑自己的观点和思路。

我们一直坚持这样的观点：信息是决策的基础。正确的信息不一定能带来正确的决策，但错误的信息势必会带来错误的决策。所以，对HR来说，如何向领导提供充足的信息、如何帮助领导理解信息就显得尤为重要。

人力资源部门之前被认为是后勤部门或服务部门，而现在，越来越多的人有这样一个共识：人力资源部门也像研发部门、设计部门、工程部门一样具有很强的专业性。因此，HR提交的“产品”（即人力资源计划）必须体现专业性，这就要求HR不断提升自己的知识水平，掌握人力资源管理的技能，为公司提供真正有价值的解决方案。

3. 为“产品”建立良好的服务保障体系

很多HR会将精力集中在人力资源计划的拟订和推行上，而忽视了人力资源计划的效果反馈。其实，无论是实施人力资源计划，还是进行某方面的变革，都可能遭到员工的反对，如不予配合、消极抵抗、敷衍了事等。

此外，人力资源管理往往与公司的战略和业务、整个行业的动态、竞争对手的发展情况有关，所以，HR在拟订任何一个人力资源计划前，内心都要有这样的衡量：人力资源计划会从哪些方面给公司带来怎样的变化和改善。这种变化和改善其实就是人力资源计划的目标。为了保证目标的实现，考核就显得尤为重要。

考核是对现状与目标进行比较，看看哪些方面达到了目标，哪些方面与目标还有差距，然后分析产生差距的原因，并据此调整思路。在这种反复的分析与调整中，目标会逐步达成，同时再配以激励、奖惩等有效措施，以保障人力资源计划的顺利实施。

HR 只有在拟订人力资源计划的同时，思考推行过程中可能出现的问题，以及针对这些问题提出有效的解决方案，才可以使人力资源计划得到更进一步的认可。

1.1.3　运营思维

所有 HR 都应该清楚，只有与公司的最高决策者直接对话和交流，才是真正在探讨人力资源发展计划及思路。最高决策者的想法往往会对人力资源管理工作的开展带来极其深远的影响，有时甚至可以决定其方向。

除此之外，HR 应该思考这样的问题：既然公司请我们负责人力资源管理，为什么我们不能以专业的知识和技能去推进专业的人力资源管理呢？其实该问题的核心就是 HR 欠缺人力资源管理的运营思维。如今，在 HR 的工作中，运营思维的应用已经越来越普遍。

1. 运营思维在招聘中的应用

每个 HR 都希望为公司招聘合适的员工，但又不得不面临一些问题。例如，找不到高质量的简历；优秀的候选人在等待面试的过程中被其他公司招聘；关键岗位的面试周期过长，候选人没有耐心等待；候选人通过面试，但迟迟不到岗等。

HR 要想解决这些问题，就要培养运营思维，通过对招聘数据进行分析提高招聘效率。具体到实际操作上，HR 可以从以下四个维度分析招聘数据：关键绩效、招聘过程、渠道效果、招聘成本。每个维度都有相应的指标和计算方式，如表 1-1 所示。

表 1-1　分析招聘数据的四个维度

维度	指标	计算方式
关键绩效	招聘完成率	到岗人数/需求人数
	招聘计划完成率	接受 offer 的人数/需求人数
	招聘及时率	预计到岗日期内的到岗人数/需求人数
	平均招聘周期	最后一人的录用时间-需求审批通过时间
招聘过程	简历初选通过率	人力资源部门初选合格简历数/收到的简历总数
	有效简历率	人力资源部门选择的通知面试的人数/HR 初选的合格简历数
	初试通过率	初试通过人数/面试总人数
	复试通过率	复试通过人数/初试通过人数
	录用率	实际录用人数/面试总人数
	到岗率	实际报到人数/发出录用通知的人数
渠道效果	渠道有效简历率	各渠道提供的简历：通过初筛人数/提供的简历总数
	渠道面试通过率	各渠道：通过面试人数/参加面试人数
	渠道录用率	各渠道：录用人数/提供的简历总数
招聘成本	单位招聘成本	招聘总费用/到岗人数
	渠道招聘成本	渠道费用/到岗人数

在分析招聘数据时，HR 应该遵循以下三个步骤。

第一个步骤：观察招聘数据的走势，据此设置招聘目标。

第二个步骤：通过招聘数据了解招聘过程中的问题，了解问题的根源在哪里，有针对性地提出解决方案。

第三个步骤：根据招聘数据调整招聘工作。

HR 可以通过招聘数据分析招聘的淡旺季，也可以结合公司的目标制定招聘策略。例如，如果公司的目标是优化关键绩效，那么 HR 要从价值链入手，提高每个环节的效率；如果公司的目标是控制招聘成本，那么 HR 就要分析招聘预算，找出可以实现低成本招聘的渠道。

2. 运营思维在培训中的应用

既然是运营思维，那么就要包括运营的三大要素，即产品、人、渠道。将这三大要素转化到培训上就是内容、人员、渠道。

1）内容

培训的内容要从定位和包装两个维度考虑。只有定位准确，培训才不会走偏。HR 在选择培训的定位时，要考虑如何覆盖核心目标、不同领域及不同人员的需求。当公司拥有各种各样的课程，但大多数都不吸引人时，HR 就需要对课程进行包装。

当然，这不是说所有课程都必须走高端路线，很多基础课程还是应该接地气一些。此外，如何将课程做得有趣也非常关键。总之，无论是满足需求，还是实现课程的差异化，都需要 HR 费一番心思。

2）人员

人员要从定位和阶段两个维度考虑。定位包含三大侧重点，即主体、客体及中间的运营者。主体是接受培训的员工，客体是负责培训的培训师，中间的运营者是 HR。作为中间的运营者，HR 不应该把自己定位在管理上，管理是“管控”，运营是“推广”，角度不同，带来的效果也不同。此外，在培训时，不同阶段的工作重心是不同的。

① 引入阶段要引起员工的兴趣，扩大传播面，还要挖掘有潜力的培训师。

② 留存阶段要做好员工的留存，保证课程的总量和质量。

③ 退出阶段要将不合格的员工淘汰，该阶段和薪酬、员工关系挂钩。同时，HR 也要对培训师进行考核，淘汰不合适的培训师，保证师资队伍的质量。

④ 流失阶段则是一种补充，在后期运营乏力的情况下，HR 要想办法提高员工的参与率，保证培训的整体效果。

3）渠道

渠道要从渠道开拓和渠道组合两个维度考虑。常见的渠道有外部渠道和内部渠道。外部渠道是招聘专业的培训师为员工提供培训；内部渠道是强化公司的师资队伍，将培训交给有经验的老员工负责。渠道组合是扩大宣传范围，让培训内容传入每位员工的耳朵里。宣传栏公告、工作群公告等都是冷启动渠道，这些渠道覆盖面广，但起不到“爆炸”的效果。为了引起员工的关注，除了冷启动渠道，还需要品牌渠道，如紧跟热点话题、制造话题效应。

3. 运营思维在离职中的应用

盖洛普认为75%的离职是因为领导而非公司。按照这个观点，离职似乎与 HR 没有关系，但事实并非如此。在人力资源管理领域中，流传着一个定律——“232 离职定律”，即如果员工在入职两周内、三个月试用期内，或者两年内离职，则责任在 HR 身上。

为了降低离职率，HR 应该掌握衡量离职率的指标，包括员工自愿流失率、关键职位员工自愿流失率、高潜质员工自愿流失率、高绩效员工自愿流失率、管理者留存率、新员工留存率、员工退休率、流失率与留存率之比、员工流失成本等。

当然，HR 也可以用上述指标判断自己的工作是否做到位了。一般来说，一个员工离职会让大约 3 个员工产生离职的念头。换言之，如果离职率为 10%，那么可能有 30%的员工想跳槽；如果离职率为 20%，那么可能有 60%的员工想跳槽。

试想，如果员工总是想着跳槽而忽视本职工作，那么会给公司造成多大的损失？要想避免损失，将自己的工作做到位，HR 就应该创造一个“进出有序、人才辈出”的环境。

HR 在掌握了运营思维后，就可以正常开展人力资源管理工作了。但对 HR 来说，还有一项能力是必须要具备的，那就是策划能力。一个优秀的 HR 应该知道，运营思维的重点不是管理，而是策划，策划的宗旨是如何让制度“活”起来，并被员工接受和认可。

1.2 效率思维

在“人力资源微笑曲线”中，中端是HRSSC，即共享服务中心。HRSSC可以将与人力资源有关的事务性工作统一起来，使用集中与分散相结合的模式提高效率。效率思维是HRSSC的指导思维，也是人力资源管理的效率提升驱动器。

HRSSC坚持以效率为导向，致力于减少HR的事务性工作，提高HR的效率，优化员工的体验。HR转型有很大概率是先从HRSSC建设开始的，但需要注意的是，人力资源管理由职能人事变为共享服务是一个巨大的跨越，两者既有联系也有区别，不是同一层面的事物。

如今，HR的工作正在向规模化和专业化的方向发展，共享服务也呈现出“合包”（Co-sourcing）的趋势。通过对共享自营交付与服务商外包交付等多种模式进行混合，HR可以最大限度地利用社会资源提高效率。

1.2.1 事务型 HR 正在被淘汰

HR 的工作比较辛苦，也比较繁杂。其他员工都觉得 HR 属于人力资源部门，不会经常加班，但事实并非如此。根据《2019 年中国 HR 生存发展现状》提供的数据，50%以上的 HR 都在忙着加班，这一情况在互联网行业中更是异常明显。

为什么这么多 HR 要加班？主要原因是筛选简历、组织面试、计算薪酬、绩效考核等事务性工作耗费了大量的时间和精力。也正是因为这样，其他员工才会觉得 HR 除了招聘，剩下的时间都是在打杂。

现在，越来越多的 HR 掉进了“忙碌陷阱”，他们在工作时会心无旁骛、认真负责，一旦工作结束后，他们就会觉得自己似乎什么事都没有做好。久而久之，这些 HR 就会被各种工作搞得焦头烂额，最终却发现自己没有太大的进步和发展。

对此类的事务型 HR 来说，即使努力工作十年甚至二十年，都还是在重复做最开始的工作而已。在人力资源管理越来越先进的当下，如果事务型 HR 不尽快充实自己，改变原来的工作模式，那么只会被同行赶超、被时代抛弃。

职场如战场，只有具备价值，才可以占领好的位置。缺乏价值的事务型 HR 可能会有两个结果：一是被边缘化；二是被淘汰。这样的判断也许戳到了很多事务型 HR 的痛点，不过要是能给他们一些启发和警示，也是非常不错的。

事务型 HR 每天都忙着去做一些基础工作，对于比较重要的战略和发展方向，他们却难以给出建设性的意见。专业型 HR 十分了解公司的实际情况，可以在此基础上制定一系列的制度。然而，这些所谓的制度，都是他们根据自我的“理解与认识”制定出来的，所以无法判断是否可以被员工接受、是否可以促进公司的发展、能否为公司带来价值和效益。

在这种情况下，即使再平庸的管理者也会对人力资源工作质疑，毕竟公司的终极目标是追求效益，管理者希望所有问题都可以得到妥善解决，并使公司获得更多的价值。无论是事务型 HR，还是专业型 HR，如果能力太过单一，都很难保证自己在公司中的地位。

那么，HR 应该如何获得核心竞争力，使自己摆脱事务型 HR 的“头衔”呢？不妨使用 PDCA 模型，即 Plan（计划）、Do（执行）、Check（检查）、Act（处理），如图 1-4 所示。该模型可以帮助 HR 实现阶梯式进步，达到永无止境的学习状态。

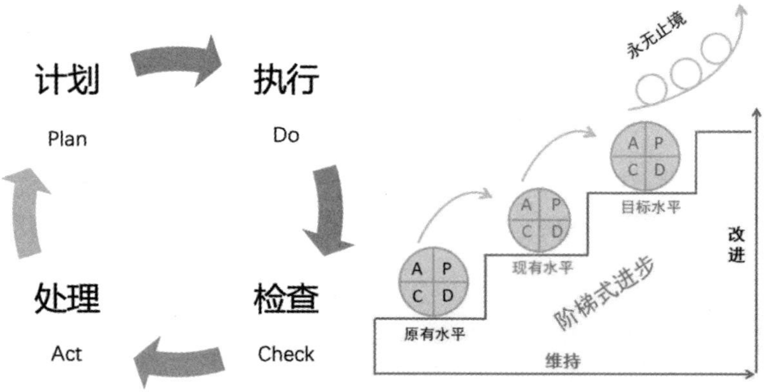

图 1-4　PDCA 模型

在使用 PDCA 模型时，HR 应该从以下 4 个方面着手。

（1）制订计划。HR 要根据公司的现状提出问题，针对最主要的问题制订计划。在这个步骤中，HR 必须明确每个员工在什么时间应该完成什么工作。

（2）执行计划。HR 要根据公司的现有资源执行已经制订好的计划，并对计划的执行情况进行监督和管理，以保证员工的效率。

（3）检查进度。HR 要分析员工是否已经了解自己的工作、工作是否已经完成、如果工作未完成则什么时候可以完成等问题。在公司中，上级分配的任何工作都不能杳无音信。

（4）处理有异议的问题。HR 要对成功的经验予以固化，最好可以形成制度，同时还要对有异议的问题进行处理，以便更好地进入下一轮的工作。

例如，某公司的 HR 小王就在新型冠状病毒肺炎疫情期间使用了 PDCA 模型。在此期间，员工都居家办公，小王先汇总相关数据，明确哪些工作由谁来做，以及应该在什么时间完成；然后将工作分配情况通知员工，确保通知到位；接着检查进度，通过钉钉提醒员工及时汇报工作状态，掌握各项工作的完成情况；最后是纠正错误，在员工完成工作后实行“24 小时公示”制度，给员工纠正错误、处理异议的机会。

总而言之，HR，尤其是事务型 HR 要学会利用现有技术，借助 PDCA 模型优化自己的工作，提升自己的能力。在新时代，HR 应该把时间和精力放在更有价值的工作上，至于那些不太重要的工作则应该用自动化的方式完成。

1.2.2　跳出“专业深井”

在工作时，很多 HR 都专注于自己的职能，一味强调人力资源管理的专业性和重要性，这样的模式只会使其局限在一个小圈子里，做着自娱自乐的美梦。为了提升价值，优化服务，HR 必须摆正自己的位置，跳出“专业深井”。

那么，HR 应该如何跳出“专业深井”？可以从以下几个方面着手，如图 1-5 所示。

图 1-5 HR 如何跳出“专业深井”

1. 基调：把握当前的大环境

基调代表目前所处的大环境，如经济情况的好坏、行业发展的现状等。HR 必须对当前的大环境有一个准确的判断，然后据此规划、开展人力资源工作。

2. 规范与制约：政策的变化

规范与制约代表政策的变化。例如，从《中华人民共和国劳动合同法》（以下简称《劳动合同法》）正式实施以来，用工方面发生了很大的变化，比较有代表性的是，劳务派遣用工比例不超过 10%。新的政策都预示着 HR 必须调整公司的用工制度。

3. 机会：定位要准确

如今，一些 HR 会把自己定位为职能人员，这样的定位其实不太准确，而且也不利于业务的开展。如果把自己看作职能人员，HR 就难以真正参与到公司的顶层设计中，与此同时，HR 的话语权和决策权也会受到一定程度的影响。

在公司中，人力资源部门应该是利润中心，而不是成本中心，该部门可以创造很多机遇。纵观整个市场，很多公司的变革都是从人力资源部门开始的，HR 也在其中发挥了主力作用。相关数据显示，在一些互联网公司中，人力成本至少占据总成本的 70%以上，这也是人力资源管理和 HR 越来越重要的一个关键原因。

4. 就业和热点：值得关注的趋势

在就业方面，HR 应该关注政府政策对就业的表述，尤其是那些增加或减少的内容；在热点方面，HR 需要关注普通百姓的生活热点，并从中挖掘出员工需求。要想形成一定的领导力，HR 必须接受政策的指导，时刻关心员工，帮助员工解决问题。

对 HR 来说，以下这些趋势非常值得重视。首先，做好面对经济长周期下行的准备。在经济长周期下行的趋势下，HR 在进行薪酬方案制定、绩效考核规划等工作时，至少应该做好 A、B 两手准备，同时还要控制节奏，凝聚团队。

其次，抓住政策红利。对 HR 来说，当前依然是政策红利期。HR 应该抓住机会，考虑新型的用工形式，推动内部组织变革。此外，HR 还应该关注“清单管理制度”，积极创新，清理并取消一批生产和服务许可证，帮助公司减轻负担，降低成本。

再次，与其他部门互通信息，做好事后监管。很多公司的劳动统计报表、财务报表和人事台账处于分裂的状态，不过随着“事后监管”“金税三期”的上线，HR一定要多和其他部门，尤其是财务部门沟通，以便对各类信息的内在逻辑和合理性进行审核。

最后，探索灵活就业、残疾人就业。未来，用工形式会变得更加多元化。例如，海尔推出“小微创客”方案，将管理者变成小微公司的创业者；顺丰推出“伙伴计划”，通过外包加盟的方法将公司和员工捆绑在一起。此外，还有共享经济、知识分享、业余兼职等新趋势。

跳出“专业深井”、成为业务伙伴、转变思维模式，是每一个HR都应该做好的事情。没有任何一家公司可以脱离大环境和政策，对HR而言，基调、规范与制约、机会、就业和热点都需要特别关注。

在个性化越来越突出的时代，HR要想受到员工的欢迎和喜爱，就必须走在员工的前面，为员工答疑解惑、指明方向。对HR来说，做好这项工作的前提是时刻关注发展的趋势，不断更新自己的“知识库”和能力。

1.2.3 数字化生存

相关调查结果显示，“45年内，技术和智能设备在所有任务上超越人类的概率是50%，而且会在120年内让所有工作走向数字化”。的确，在有了技术和智能设备以后，很多工作都需要数字化。例如，无人驾驶汽车运送货物，自动化系统采集员工的工作数据并进行分析等。

某公司引入了一个人力资源软件，该软件可以基于不同的业务角色和业务场景，对员工的聘用、成长、异动等进行高效管理，从而形成员工全生命周期的闭环。可见，借助智能设备，忙碌的人力资源工作已经开始数字化，HR 也可以从烦琐的日常操作中解脱出来。

那么，人力资源工作的数字化究竟意味着什么呢？举例来说，在公司中，HR 的角色已经变成咨询师或者监督员，他们不再像以前那样总是专注于基础业务，而是对整个流程和所有员工进行监督，并对集成的自动化系统进行操作和管理。

形势正在变得越来越紧迫，一直专注于遵从和执行人力资源工作的 HR 必须拥抱新时代，同时也应该接受与新时代共生的工作方式和价值提供方式。不过，这条路并不是那么好走，正如业内专家所言：“HR 将会看到技术和智能设备在短期内造成的某种变化。随着行业的变化，成长阵痛期必然会有，但是对 HR 的未来和全球经济来说，这是值得的。”

之前，小型公司的发展一直是由公司级服务推动的，但是随着技术的兴起和发展，HR 可以提供更加科学、合理的战略性商业建议，这有利于进一步延长小型公司的生命周期。与此同时，这也有利于经济的不断发展，以及人力资源行业的持续进步。

对于工作的逐渐数字化，除了 HR，其他岗位的工作人员也应该高度重视起来。例如，了解其他人正在使用的以技术为基础的解决方案，并找到一个合适的机会将其应用到实践中；或者对技术的强大作用进行深入研究，然后再据此调整和改进日常工作。

如今，一些服务性工作还无法由智能设备完成，而对于那些复杂、重复性的工作，我们则可以放心地交付出去。也就是说，在智能设备的助力下，某些工作的数字化水平会有大幅度提升。对此，无论是 HR，还是其他工作人员，都应该感到庆幸和欣慰。

这样的趋势也有利于支持公司的经营与发展。例如，以往的信息都是静态的结果展示，无法给 HR 提供很有效的依据。在实现了数字化之后，信息由静态变为动态，HR 可以及时了解公司的人力成本、绩效指标、员工状态，此外，HR 也可以根据管理者的需求对信息进行横向分析，从而进一步提升管理者的决策效率。

在一个世纪以前，人类并不能预见技术会出现并获得如此迅猛的发展，但是这不但不会让工作消亡，还会让工作变得更加数字化。因此，那些积极利用数字化的工作人员将可以从中获得利益，保证自己的生存。

数字化转型是一个持续迭代、不断进化的过程，在这个过程中，HR 不应该是被动的参与者，而应该是推动者和引领者。新时代的 HR 可以通过新的数字平台、应用及服务方式优化员工的体验，并借助数字化运营，改变员工和管理者的思维模式，这有利于优化人力资源工作，实现“智慧协同、赋能员工”的战略目标。

1.3 战略思维

在“人力资源微笑曲线”中，后端是 HRCOE，即专家中心。HRCOE 是人力资源管理中的顶层设计者或架构设计者。与 HRCOE 息息相关的是战略思维，这要求 HR 挖掘员工的真实需求，为员工提供专业咨询和方案设计。此外，HR 还应该从顶层、全局的视角思考组织与人才规划，将雇主品牌上升到战略层面，不断提升人力资源管理的核心价值。

1.3.1 顶层思维

HR 要从战略的高度审视自己的工作，同时还要结合公司的发展要求为业务部门制定工作方案，这样才能对公司的发展有帮助。作为人力资源部门的员工，有些 HR 看起来很忙，但其实只做自己喜欢做、容易做的工作，和业务部门没有联系。因此，他们做出来的工作与业务部门的需求是脱节的，效果不好是必然的。在这种情况下，公司的管理者或业务部门会觉得 HR 虽然比较专业，但做的工作没有价值，没有真正解决公司的问题。

围绕这样的顶层思考，从经营的角度出发，HR 首先要梳理业务，做事分清轻重缓急，即选择正确的事、重要的事做。公司的战略一定是根据市场环境和趋势制定的，所以 HR 在制定战略时，首要的工作必然是对市场环境、政策等进行分析。

从人力资源管理的角度出发，HR 要根据公司的战略思考下面这些最应该做的事。

（1）设计组织架构：达成战略需要的组织结构。

（2）人才盘点：通过数量盘点、质量盘点、能力盘点发现现有组织中人才的差异。

（3）梳理关键岗位：公司的资源有限，HR 有必要将资源向关键人才倾斜，保障和服务好关键岗位，确保关键岗位创造关键价值。

（4）建设人才梯队：好的人才梯队建设一定是外部招聘与内部培养机制相结合的。

（5）配套机制：要激活员工的动力、斗志、潜力，就要有配套的晋升、绩效、薪酬、激励等机制。

所以，人力资源的顶层思考实际上就是从战略的高度，思考怎样提升人力资源工作的价值，怎样保障公司在需要时有合适的人才使用，以实现公司短期或长期的发展目标。HR 要经常主动与管理者沟通，了解管理者的真实意图，这样的人力资源管理策略才有价值和时效性。

1.3.2 品牌思维

品牌是公司给人才的承诺，人力资源部门可以通过品牌思维开展工作，从人才的角度出发思考和解决问题。品牌思维是一种感知，这种感知建立在情感的基础上，通过物理空间、文化环境、招聘流程、培训与发展、绩效沟通、福利等触点被人才体验。触点决定人才对品牌的认知，对触点进行优化可以帮助 HR 更广泛地传播品牌，加深人才对公司的印象。

如今，由于人才短缺，员工面临着很多选择，如跳槽、辞职创业等。他们会对公司的发展情况和现状进行分析，以避免自己的利益受到损害。HR 要想留住员工，公司的实力和人力资源管理的合规是基础，打造优秀的雇主品牌也十分重要。

根据猎头公司 MRINetwork 提供的数据，69％的员工认为雇主品牌很关键。那么，HR 应该如何为公司打造雇主品牌呢？可以从以下 5 个方面入手。

1. 对公司进行评估

HR 在打造雇主品牌前，应该评估公司的声誉和运营情况，并找出需要加强的地方。此外，HR 要让员工畅所欲言，鼓励员工对当前的制度和品牌策略提出意见，了解员工重视哪些方面，并询问员工是什么因素促使其加入公司。

2. 讲好雇主品牌的故事

讲故事是一种比较传统的传播策略，故事能够打动员工，让员工与公司紧密相连。HR 可以通过讲故事的方式生动形象地阐释公司的文化，让员工获得认同感。HR 要想讲好雇主品牌的故事，应该以员工为核心，介绍员工的真实经历，或直接邀请员工以“成长故事”为核心讲述自己是如何在公司升职的。

HR 在打造雇主品牌时要回归“人性化”，通过讲故事让员工与公司产生情感联系，形成心理契约，提升员工对公司的认同感。

3. 充分利用社交媒体

社交媒体是宣传雇主品牌的平台。借助该平台，HR 不仅可以推广公司的文化，还可以展示雇主品牌的故事。HR 可以让员工关注公司的社交媒体账户，鼓励员工发布自己的经历和团建的照片。员工在社交媒体上活跃可以帮助 HR 吸引更多人才，降低招聘难度。

4. 根据格式塔理论优化公司的形象

格式塔理论是心理学中的一种理论，该理论注重经验和行为的整体性，强调人类的思维是整体的、有意义的知觉，而不是连接起来的表象的简单集合。

因此，在打造雇主品牌的过程中，HR 要从整体上为公司塑造形象，并按照格式塔理论做好形象反思，如表 1-2 所示。

表 1-2　基于格式塔理论的形象反思

分　类	内　容
品牌的视觉反思	公司的团队形象呈现怎样的状态、员工的穿着打扮有何特点、管理者接触的人或物是怎样的、公司的整体格调与办公环境和办公设备等是否匹配
品牌的听觉反思	公司的独特价值主张是什么、员工的薪资待遇如何、办公环境是什么样子的
品牌的味觉反思	公司想要与员工和潜在人才分享的味道（浓郁的、清淡的、酸甜的等），HR 可以从早餐、午餐、下午茶等员工饮食方面入手
品牌的触觉反思	员工有没有统一的制服、制服的质地如何、办公桌椅的质地如何、办公环境是否让员工感到舒适、办公模式是人工化还是智能化
品牌的直觉反思	在员工和潜在人才与公司接触时，公司给他们的整体印象是什么、如何强化这种印象、如何提升他们的体验

5. 要求员工提出合理的建议

HR 要让员工参与雇主品牌的打造。员工通常被视为公司的形象代言人，HR 在打造雇主品牌时要让员工提出合理的建议，鼓励员工与同事或求职者分享经验，以提高公司的声誉。雇主品牌的形成，不仅可以提高员工的留存率，还可以减少招聘成本。

品牌思维经常被 HR 忽视，但事实上，品牌是由内而外的，与员工、其他利益相关人，甚至更大范围的社会群体都息息相关。将品牌思维与公司的目标、价值观深度融合已经成为人力资源管理的前沿趋势。如今，在 HR 的工作中，品牌思维必不可少。如同文化一样，雇主品牌彰显着一家公司的形象，学会打造雇主品牌对 HR 的发展和进步很有帮助。

1.3.3　专家思维

在人力资源管理中，HR 每天会遇到各种各样的问题，每个 HR 都有自己解决问题的经验和方法。有些 HR 总能够很快地找到问题的症结所在，快速地解决问题；而有些 HR 看似很忙，但问题依然存在，这是为什么呢？

《问题解决心理学》一书中提到，专家和新手在各种表现中都存在质和量的差异，并列举了 7 个“专家工作的关键特征”。

（1）专家主要在其所从事的领域内表现出色。

（2）专家能够在其所从事的领域内制造大量有意义的模型。

（3）专家能更快地操作该领域的技能，能更快、更好地解决问题。

（4）专家表现出非凡的短时记忆和长时记忆的能力。

（5）在专业领域内洞察和表现问题时，专家处在比新手更高的（更具原则性的）水平上，新手的问题表现往往停留在表面水平。

（6）专家把更多的时间用于分析问题的质的方面。

（7）专家具有高度的自控能力。

由此可见，专家与新手的区别表现在智力、思维方式、个性等多个方面，另外，专家与新手对问题的思考方式会影响问题的解决速度。

人力资源部门是职能部门，平时也会遇到各种各样的问题。在处理这些问题时，HR 应该总结出一套行之有效的策略，不断提升自己的能力。HR 可以借鉴专家思维解决问题，具体表现在以下 4 个方面。

1. 专家有充实的知识储备

专家和新手的区别在于专家可以对发生的事做出快速复位，而新手在这方面则比较弱。专家的知识面广，实践经验比较丰富，可以快速地提取自己需要的东西。HR 在工作中也需要培养提炼有效要点和记忆关键信息的能力。

2. 专家能更快、更好地定义问题

在解决常规问题时，专家比新手更迅速；在解决新问题时，专家用于定义问题的时间比新手要长一些。因为新手在碰到问题时就想着马上解决，而专家要找到导致这个问题出现的根本原因。专家思维要求 HR 不仅要知其然，更要知其所以然，即只有思考得更深入，才能对症下药。

爱因斯坦曾经说："如果给我一小时解答一个决定我生死的问题，我会花55分钟来弄清楚这个问题在问什么。一旦清楚了它到底在问什么，剩下的5分钟就足够回答这个问题。"HR也应该秉承这样的原则，不能只做表面工作，而是要挖掘其背后的深层含义。

3. 专家在技能发展方面形成了自动化的整合程序

专家在解决复杂的问题时，对基本技能的掌握已达到高度熟练或自动化的程度。他们的时间花在策略上，即想方设法地迅速解决问题，大大提高效率。当然，很多时候，知道不等于可以做到，专家在自身的领域内至少要有上万小时的钻研，才可以培养出扎实的基本功。所以HR要想练就专家思维，同样也需要钻研。

4. 专家的自我监控及评估复盘能力比较强

专家倾向于频繁地检查自己对问题的解答，不断回望解决问题的方法有哪些，以及有没有更好的替代方案。HR在遇到问题后，不要忙着马上想办法解决问题，而是要留给自己一点儿时间，反思解决问题的方向及意义。

简言之，HR要想拥有专家思维，需要在实践中不断建构和完善自己的思维模式，这样才能更好地分析与解决问题。

第 2 章

人力资源规划：自上而下设计法

人力资源规划是人力资源管理的起点，是公司经营的根本，也是HR 工作的基础。HR 需要根据公司所处行业、生命周期、业务状况等因素，构建一个大致的人力资源框架，这样才可以知道自己接下来的工作应该怎样开展。

2.1 HR需要具备的三大视角

在人力资源管理理论传入我国后，HR和管理者对人力资源规划有了更深层次的了解。公司如果想在市场竞争中立于不败之地，就必须顺应时势进行人力资源规划，完善经营策略，以提高效率、实现人力资源管理的最优化。将人力资源规划做到极致不是一件简单的事，HR需要从不同的视角看待问题，这些视角包括公司运营视角、财务层面视角、业务流程视角。

2.1.1 公司运营视角

人力资源规划需要HR具备大局观，从公司运营视角考虑问题。也正是因为如此，很多HR都发出过这样的感慨："我的工作和运营一家公司无异。"之前，一谈到人力资源规划，大多数HR会想到招聘、培训、绩效、薪酬、文化等方面，他们也会根据这些方面开展工作。

在这种比较单一的工作模式下，HR很难将人力资源规划的价值发挥出来，也很难被业务部门和管理者认可。以招聘为例，我们发现很多

HR 都会把大部分时间用在招聘上，积极解决业务部门的用人问题，但招聘的质量一直比较低，以至于找不到合适的人才。

为什么 HR 的招聘会“吃力不讨好”？就是因为他们不具备公司运营视角。具备公司运营视角的 HR 会重视“招聘前端”，即充分了解公司的愿景、使命、价值观，并据此确定公司的运营战略，分析公司需要的“关键能力”，并基于“关键能力”绘制人才画像。

有了人才画像，HR 才能找到合适的人才。图 2-1 是适合电竞公司使用的人才画像，HR 不妨以此为参考，绘制属于自己公司的人才画像。

图 2-1　适合电竞公司使用的人才画像

如果 HR 不知道公司需要的“关键能力”是什么，那么不仅会影响招聘，也会影响培训、薪酬等方面的工作。例如，假设 HR 没有提前了解公司的运营战略，也不知道公司的生命周期和发展阶段，怎么会设计出适合公司的绩效指标呢？

既然公司运营视角如此重要，那么 HR 应该如何培养这个视角呢？首先，人力资源规划的升级要求 HR 尽自己所能做好运营管理，具体可以参照图 2-2 所示的流程进行操作。

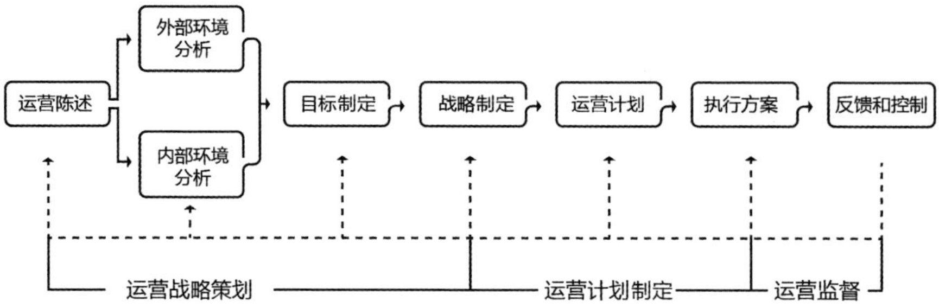

图 2-2　运营管理的流程

（1）运营陈述：HR 要了解公司的定位和业务使命。

（2）外部环境分析：HR 要了解公司的发展机会和所面对的威胁及挑战。

（3）内部环境分析：HR 应该对公司的资源、竞争能力、文化和决策者的风格进行客观评估，找出竞争对手的优势和劣势。

（4）目标制定：基于公司的定位和内外部环境分析，HR 要为公司和业务部门制定具体的目标，如利润率、销售增长额、市场份额增长率等。

（5）战略制定：HR 要辅助制定公司的总体战略和运营战略，了解公司欲向何处发展。战略制定要解决下列几个问题：员工如何完成目标、公司如何打败竞争对手、公司如何获取持续的竞争优势、如何提高公司的市场地位。

（6）运营计划和执行方案：HR 在了解了公司的战略后，要将战略转化为具体的执行方案。这需要 HR 在运营预算、运营组合和资源分配上做决策。

（7）反馈和控制：HR 要对执行方案进行监督，评估运营管理的效果，并通过市场信息的反馈不断对战略和运营计划进行调整，以便公司更有效地参与竞争。

其次，HR 可以采用运营三角模型，包括运营发展、人才发展、组织发展，如图 2-3 所示。

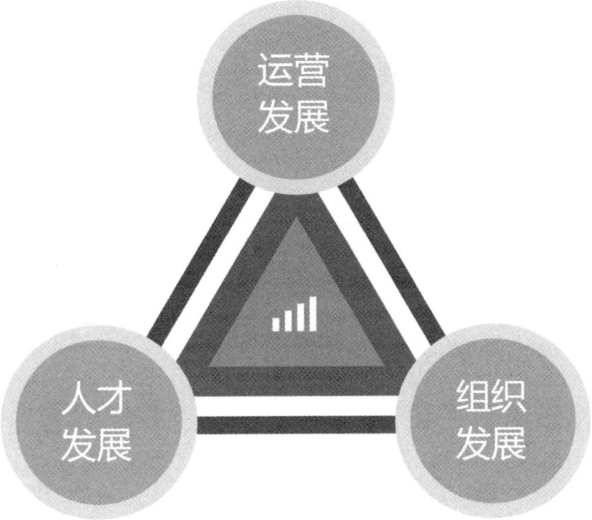

图 2-3　运营三角模型

（1）运营发展。对 HR 来说，将运营与人力资源规划分离是大忌，这样会影响公司的发展和员工创造性的发挥。假设小王是一家公司的 HR，那么他在做人力资源规划前必须充分了解公司的运营现状，具体可以从以下两个方面入手。

① 运营模式：公司所处的行业是什么、行业的核心业务是什么、公司提供的产品或服务是什么、公司的目标群体是谁、用户的需求是什么、公司采取什么方式满足用户的需求、公司采用何种盈利模式、公司

的核心竞争力是什么、什么使公司同竞争对手区别开来。

② 外部信息分析：影响公司的外部环境有哪些、公司有哪些可利用的市场机会、公司有哪些要预防的威胁和挑战、宏观经济形势对公司有何正面或负面影响、技术改造和技术创新给公司带来什么样的机遇。

（2）人才发展。人才发展以实现运营战略为前提，HR要做好人才的选、育、用、留等全生命周期管理，根据人才画像招聘人才，盘点现有岗位的员工。这样可以保证每个岗位都有合适的人才负责，进而促进运营战略的实现。

（3）组织发展。组织发展有三个目的：敏捷响应员工需求和行业变化；将优秀员工的能力下沉到公司，增强公司的竞争优势；实现团队协同，让个体的力量变成团队的力量。HR以这三个目的为工作主线，可以更好地实现人力资源规划的价值。

HR 做的所有人力资源规划都应该以公司运营为导向，这样既可以保证其做正确的事，也可以帮助其正确地做好这些事。简单地讲，公司运营视角要求 HR 有计划地扬长避短、趋利避害，为公司创造更多的效益。

2.1.2 财务层面视角

与公司运营视角相同，财务层面视角也是 HR 工作的重点。财务层面视角可以直接反映员工为公司创造的价值的大小、带来的效益的多少、做出的贡献的大小。在财务层面视角的指导下，HR 要以精打细算的方式安排人力成本，使其变得可控化和可量化。

第一，HR 要知道政策会影响人力成本。这里的政策主要包括与个人所得税和社保有关的政策。与个人所得税有关的政策包括《关于明确个人所得税若干政策执行问题的通知》《国家税务总局关于加强个人工资薪金所得与企业的工资费用支出比对问题的通知》等。

与社保有关的政策包括《农民工参加基本养老保险办法》《国务院关于修改〈工伤保险条例〉的决定（征求意见稿）》《中华人民共和国社会保险法》（以下简称《社保法》）、《国务院关于开展新型农村社会养老保险试点的指导意见》等。

HR 应该了解并时刻关注政策，根据政策的调整为公司节省资金。公司期待着人力资源部门可以在政策的变革中扮演“理财师”的角色，也希望能够借助 HR 的人力资源规划减少不必要的支出。

第二，HR 要关注人力成本可量化，这主要体现在以下两个方面。

（1）公司方面的人力成本，包括业务部门的工资、社保、公积金、招聘、医疗保险、人力外包等费用。以招聘费用为例，HR 要关注两个核心要素：一个是招聘团队的能力；另一个是招聘渠道的效率。HR 可以将部分职位调整为“人才 IPO 模式”进行批量招聘，从而为公司节省10%左右的人力成本；引进招聘渠道能够降低筛选简历的费用，大约可以帮助公司节省 10%左右的人力成本；提高内部推荐的效率也是节约人力成本的一个重要做法。

此外，人才外包是一种新型社交招聘，属于人力资源外包（HRO）的一种，又被称为招聘流程外包（RPO）。对公司而言，将招聘流程外包也可以减少人力成本，不仅可以在有限的预算内实施最优的招聘计划，还可以提高招聘质量、缩短填补职位空缺的时间。

（2）部门方面的人力成本，主要包括软件成本和培训成本等。HR 可以借助技术手段通过系统化操作提升效率，实现流程优化，从而降低沟通成本和培训成本。一般而言，公司的培训成本是按照一定比例提取的。HR 可以改变培训方式，将线下课程培训改为线上课程培训，这样可以扩大人均培训市场规模。

与此同时，HR 要加大培训力度，通过更多的户外扩展提升培训的性价比。

第三，HR 要关注人力成本可控化，这主要体现在报酬支付方面。关于报酬支付，HR 应该了解这些概念：多做多支付、少做少支付、不做也支付。

（1）多做多支付：不同用工形式与不同工时制度下的加班、值班。

（2）少做少支付：迟到、早退、旷工、事假、病假、停工等。

（3）不做也支付：婚假、丧假、产假、公共假期、探亲假、年假、陪产假、节育假、哺乳假、工伤假等。

从财务的角度看，在为员工支付报酬时，HR 应该遵循一些原则：支付的总额以报酬为依据；支付的总额以员工的岗位和职责为前提；不过多地考虑报酬的来源和支付的形式；报酬应该按照合同准时支付，不得无故拖延。

对任何公司来说，财务层面的分析都非常重要，HR 可以通过此项工作较为准确地判断人力成本、财务框架等方面的情况。这不仅可以为员工的薪酬提供依据，还可以对公司的战略和运营实施有效监控，从而达到盈利的最大化。

2.1.3　业务流程视角

HR 的定位不仅是公司的人力资源管理者，更是为员工提供帮助的服务者。HR 只有贴近业务场景、响应业务需求，才能有效地为公司制订人力资源规划。所以，伴随着市场竞争的愈发激烈，HR 要想在工作中及时优化流程并调整方向，以及更好地创造岗位价值，最后一个视角就是从业务流程层面出发。

HR 的大部分工作都以结果为导向，但这样导致的一个结果就是人力资源管理与业务部门的需求相分离。以招聘为例，当业务部门缺少员工时，HR 不是只负责招聘就可以，而是要通过长时间、多场景的业务检验证明自己招聘的员工可以满足业务部门的要求。

如果 HR 过于关注员工的数量或怎样留住员工，很可能会导致这样的结果：虽然看似做了很多努力，但最后的结果与业务部门的需求背道而驰。以海尔为例，其人力资源规划有三个目标——提高效率、改善服务、优化成本。在此基础上，海尔的 HR 要根据业务流程进行人才盘点、绩效激励、薪酬设计等工作。

与业务匹配的人力资源规划会使 HR 熟悉业务部门的工作，帮助 HR 逐渐发展成为业务伙伴，获得业务部门的认可和支持。在理解业务方面，HR 要学会分析、了解业务背后的内涵。例如，假设你是互联网公司的 HR，那么你应该知道在融资的过程中，业务发力点是什么、为什么公司的估值可以如此高、投资者为什么选择你的公司而不选择竞争对手、为什么新功能上线后页面浏览量下降、各业务部门的重要经营数据的变化趋势如何，以及为什么会呈现这样的变化趋势。理解了这些问题，你就能做到既“知其然”，也“知其所以然”。

在理解业务的基础上，HR 可以知道如何配合业务部门，与业务部门一起“作战”。这时，HR 可以与业务部门平等对话，因为其既懂业务，又可以做人力资源管理工作。在为业务部门进行人才选拔或人才盘点时，HR 的价值能够完整地体现出来。

对 HR 来说，理解业务非常重要，但深入业务更重要。那么，HR 应该如何真正地深入业务呢？可以从短线策略和长线策略两个方面着手。

1. 短线策略

短线策略是指立刻可以着手做的工作，主要包括以下几项。

（1）参加业务部门的例会，如早会、晚会、周会、月度与季度总结大会等，这样有利于 HR 了解业务部门的工作情况和业绩进度。

（2）参加业务讨论会，尤其是项目立项讨论会、目标分析讨论会等，HR 不要害怕浪费时间，这是预判用人需求和观察员工潜力的绝佳机会。

（3）查看业务报告，浏览业务部门的工作日志和项目总结。

2. 长线策略

长线策略是需要 HR 一直坚持做的工作。例如，阅读与业务部门有关的书籍、专业人士的文章、行业报告；将自己变身为用户，做产品测试，主动为业务部门提供意见和建议；如果公司有条件，自己可以试着负责业务部门的一个小项目，毕竟身兼多职也是一件不错的事。

总之，我们希望基于公司运营视角、财务层面视角、业务流程视角，HR 能在工作中掌握全方位看待并处理问题的能力，最终在人力资源规划方面实现质的飞跃。

最后引用京东的人力资源部门流传的一句话作为总结——不要为了做 HR 而做 HR。HR 应该不断丰富专业知识，积累实践经验，借助多方面的思维帮助公司解决战略问题，进而实现自己的价值，为公司做出更大的贡献。

2.2 建立人力资源体系

人力资源体系的建立可以让公司更积极向上地发展。合理的人力资源体系有助于减少公司运作中出现的问题，使员工明确工作内容与工作流程。在通常情况下，当内部业务流程影响到公司对外的业务扩张及效益增长时，就需要对人力资源体系进行调整。

对公司来说，人力资源体系是“骨骼”，员工是“血液”，如果人力资源体系及员工的供给跟不上战略规划，就会严重影响运营效率。HR在建立人力资源体系时，要关注时代的变化，打造人力资源价值链，同时还要为公司引进人才。

2.2.1 新时代的人力资源体系

现在是技术高度发达的新时代，人力资源体系也要随之转型，HR对此项工作负有主要责任，需要对其进行监督。要实现人力资源体系的转型，HR需要从以下4个方面着手。

（1）管理层的支持是人力资源体系转型的关键因素。

（2）改进和升级信息技术（IT）与人力资源体系转型之间的连接非常重要。

（3）HR 要认识到劳动力和人力资源规划的价值，并获得相应的支持。

（4）规范的外包是人力资源体系转型的一个重要工具。

在新时代，HR 必须与业务部门结成合作伙伴关系，携手将忙于各种活动和行政细节的人力资源管理部门打造成注重结果与业务导向的新型部门。换言之，与新时代相符的人力资源体系要以业务和业务部门为中心，涵盖人力资源管理的诸多工作。

（1）招聘。招聘是移动互联网时代的刚需，而且是很多人才导向型公司的刚需。首先，靠谱、亮眼的简历能够获得业务部门的认可与信任；其次，提升效率与效果的招聘流程管理与推动是获得业务部门可持续合作的“敲门砖”。

（2）培训。HR 要为业务部门提供管理型培训。例如，之前是绩效改进培训，现在就要变为领导力素质培训。此外，HR 要注重文化培训，以便帮助业务部门提升凝聚力。在培训方面，HR 还要启动员工职业发展通道培训，如开展技术培训、运营培训、产品培训等。

（3）公司文化活动。比较常见的公司文化活动有建立俱乐部（如篮球俱乐部、羽毛球俱乐部、夜跑俱乐部、读书俱乐部等）、适时团建、业务部门内部跨团队沟通活动与跨职级沟通活动。另外，HR 还要做好跨部门沟通，例如，建立一个羽毛球俱乐部，让各业务部门的员工在一起比赛，这样可以起到非正式沟通的作用，有利于团队效率的提升。

（4）绩效。HR 要做好晋升、考核等项目的推动与支持，协助管理者进行跨部门的绩效管理，这样有利于提升公司的影响力，帮助公司夯实中坚力量。

（5）业务规划。HR 要根据业务进展和痛点提供人力资源规划方案，对业务流程进行梳理，为业务部门的降本增效搭建沟通机制。

上述工作之间是相互衔接、相互作用、相互影响的关系，这样才可以形成人力资源体系。其中，招聘和培训是人力资源体系的重点，是公司经营的根本，HR 只有为公司找到合适的人才，让人才在公司快速成长，才可以有效落实人力资源管理；公司文化活动和绩效是实现公司战略的基础，有助于员工提升能力；业务规划可以帮助公司形成合理化的人力资源配置，使 HR 深入业务，为员工营造良好的工作环境。

HR 如果想建立新时代的人力资源体系，就必须获得自上而下的支持，特别是获得业务部门经理的支持。当然，HR 还要重视对关键节点和风险点的把控。只有在宏观上布局，在微观上关注细节，HR 才可以又快又稳地做好人力资源管理。

2.2.2 人力资源价值链

我们要明白，在一家公司中，人力资源管理的作用是非常重要的。优秀的 HR 一定是领导的好助手，可以为公司带来更大的价值。为了实现此目标，HR 要从价值创造、价值评价、价值分配 3 个方面着手打造人力资源价值链。

1. 价值创造

激活价值创造的要素有劳动、知识、企业家、资本等。每位员工都应该肩负使命，除了让自己的岗位变得更有价值，还要争取让公司的其他岗位变得更有价值。

2. 价值评价

HR 需要对员工创造的价值进行评价。如果没有好的评价体系，那么就意味着多劳不能多得，有功得不到认可，进而导致人才流失。一家公司如果不淘汰后面 10%的员工，就会失去前面 10%的员工。因此，HR 要确立价值评价的导向，即为客户创造价值。因为在公司中，客户是能带来收益的最重要的群体。

3. 价值分配

价值分配的导向是公司的可持续发展，公司的可持续发展以效率为先。什么是效率呢？效率就是用最低的成本、最短的时间创造最大的价值。这不仅能让员工的工作更快速地完成，也是人力资源价值链的底层逻辑。以效率为先的关键在于公平，HR 要让两者达到动态平衡。

对 HR 来说，还有一点也非常重要，那就是激发每位员工的成就欲望。HR 可以利用招聘环节，通过行为辨识法判断面试者是否有成就欲望。与有成就欲望的员工合作是人力资源价值链上的重要一环。

2.2.3　人才供给渠道

如今，HR 对人才的重要性已经有了越来越清晰的认知，毕竟他们承担着“输血”功能，可以直接影响公司的存亡与发展。为了让越来越多的人才进入公司，HR 需要掌握以下几种人才供给渠道，如图 2-4 所示。

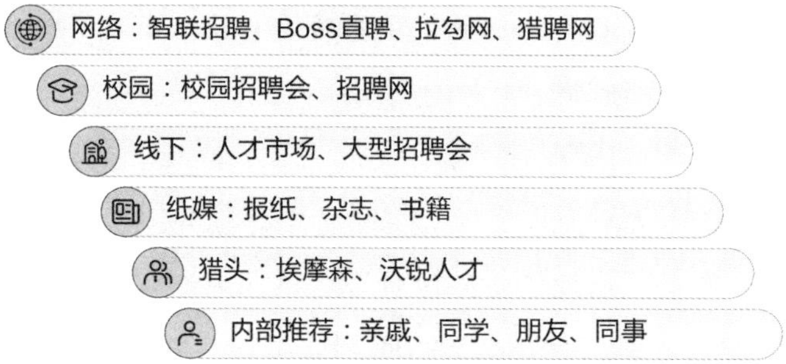

图 2-4　人才供给渠道

1. 网络：智联招聘、Boss 直聘、猎聘网

通过网络引进人才一般有两种形式：一种是公司在自己的网站上发布信息，搭建人才招聘系统；另一种是使用专业的网站，如智联招聘、Boss 直聘、猎聘网等。通过网络引进人才有一个明显的优势：不受地域的限制，能够聚集来自全国各地的人才，受众面比较广，这样就相当于为公司提供了更多的选择和机会。

2. 校园：校园招聘会、招聘网

因为费用低廉，加之针对性比较强，校园已经成为很多 HR 都会选择的一种人才供给渠道。必须注意的是，这个渠道虽然能够为公司招揽众多人才，但这类人才的职业化水平可能不会太高，而且流动性也比较大，HR 必须在之后的培训上多下功夫。

3. 线下：人才市场、大型招聘会

人才市场、大型招聘会是 HR 免费储备人才的好地方。虽然在这些

地方找工作的人鱼龙混杂，水平也良莠不齐，但 HR 如果真的能从中识别出“宝藏”，那么对公司的发展简直是百利而无一害。

4. 纸媒：报纸、杂志、书籍

武汉有一家名为《前程招聘专版》的报纸，它拥有数百万的读者群，每周能够卖出十万份。在该报纸上登一次信息就可以持续发行一周，而且还和网络同步。虽然随着网络的不断发展，纸媒可能已经不再是主流，但即使如此，在引进一些基层岗位和技术岗位的员工时，这个渠道还是可以发挥比较大的作用的。

5. 猎头：埃摩森、沃锐人才

借助猎头的力量引进人才对 HR 来说虽然方便，但并不适用于所有岗位。一般来说，在为层级比较高的岗位引进人才时，HR 可以寻求猎头的帮助。

6. 内部推荐：亲戚、同学、朋友、同事

在使用内部推荐时，HR 要注意，由于推荐者和被推荐者存在着一定的感情联系，这种感情联系一旦被滥用，就很有可能影响公司的团队建设，甚至形成拉帮结派的现象。

单一的人才供给渠道是比较有风险的，特别在公司亟须引进人才时更是如此。HR 应该将上述人才供给渠道相结合，并在它们之间维持适当的平衡，以降低风险。

2.2.4　分析人才配置

人才是人力资源管理的对象，在将人才引进公司后，HR 还要基于趋势分析人才配置。在具体操作时，HR 可以使用以下两种方法，如图 2-5 所示。

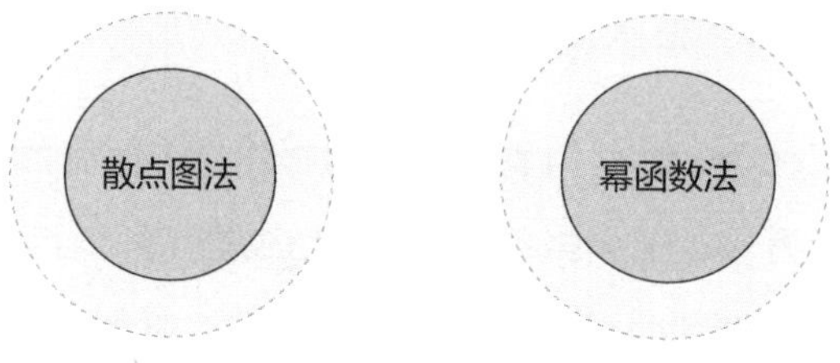

图 2-5　分析人才配置的方法

1. 散点图法

从定义上讲，散点图法就是通过收集公司过去几年内的员工数据，并依照这些数据做出散点图的方法。这种方法可以把经济活动中的某些变量与员工数据之间的变化展现出来。如果二者之间存在着一定的相关性，那么 HR 就可以根据公司的业务和规模，预测相关的人才配置。

另外，HR 还可以利用数学原理对人才配置的结果进行调整，使其成为一条平滑的曲线，并从该曲线中分析出可能的趋势。

2. 幂函数法

幂函数法主要考虑员工变动与时间之间的关系，具体的公式是：R（t）=atb，其中 R（t）表示 t 年的员工数量，a、b 都是模型参数，具体的数值根据员工数据确定。

除了上述两种方法，HR 掌握人才配置的趋势也非常关键。人才配置的趋势具体包括以下 3 个方面。

（1）销售趋势。销售趋势可以体现公司的经营状况。HR 通过分析销售趋势可以优化人才配置。例如，当销售趋势非常乐观时，HR 就可以引进新的人才，反之则需要削减员工。

（2）盈利趋势。一般来说，如果公司的各种成本比较稳定，产品也销售得比较好，那么盈利应该会向好的方向发展。这时，HR 就可以适当为公司引进新的人才。

（3）运营资本变动趋势。运营资本的多少能够反映公司短期内经济实力的强弱，其变动趋势与人才配置有很大关系。如果运营资本逐年增多，那么用于人力资源方面的成本就会比较宽裕，员工也可以增加。

在通过上述趋势分析人才配置时，HR 需要做好充分准备，例如，收集历史资料、了解公司的财务状况、掌握人力资源需求等，这样可以使结果更准确、有效。

第 3 章

面向不同特质的 HR 的创新思维

西方的人力资源管理理论较中国来说是相对完整的，我国的公司也在不断向西方学习，努力进步和完善，然而在执行过程中难免会遇到一些棘手的问题，这就需要HR具备创新思维。

3.1 HR 思维与产品思维的共通之处

近几年，产品思维已经成为很多管理者都非常重视的一种思维方式，他们希望 HR 能够帮助传统岗位建立起产品思维。所以，产品思维是什么、如何识别员工是否具备产品思维、如何培训和辅导员工形成产品思维、如何提升自己的产品思维将成为 HR 的最新挑战。

3.1.1 交付型 HR

交付型 HR 负责基本的人力资源管理，面向员工交付结果。相信很多 HR 都知道交付领域的服务蓝图，即描述服务系统和流程的地图。在服务蓝图中，比较重要的是“一眼”“两路”“三线”，具体内容如下。

“一眼”：让客户一眼就看到目标。

“两路”：按照正向的路走到尽头，并且每一步都要有反馈。

“三线”：峰值线、终值线、忍耐线。

服务蓝图的场景包括有形展示、客户行为、前台行为、后台行为、内部支持，其中还会存在很多重要的服务接触点，如图 3-1 所示。此外，服务蓝图中也有失败线和情绪线，通常用来表示 HR 在不同交付领域中的心理波动，如图 3-2 所示。

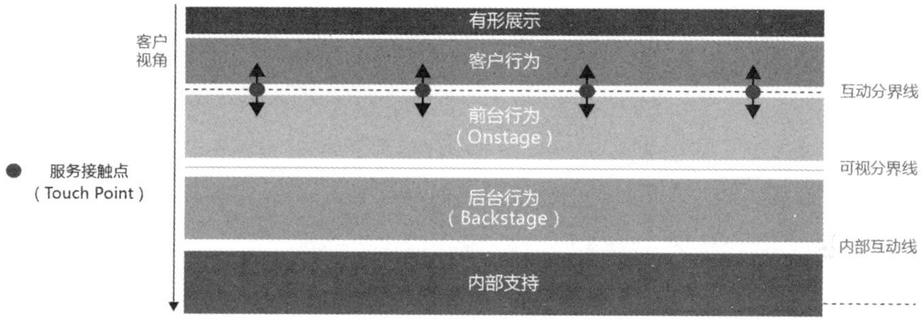

图 3-1　服务蓝图的场景

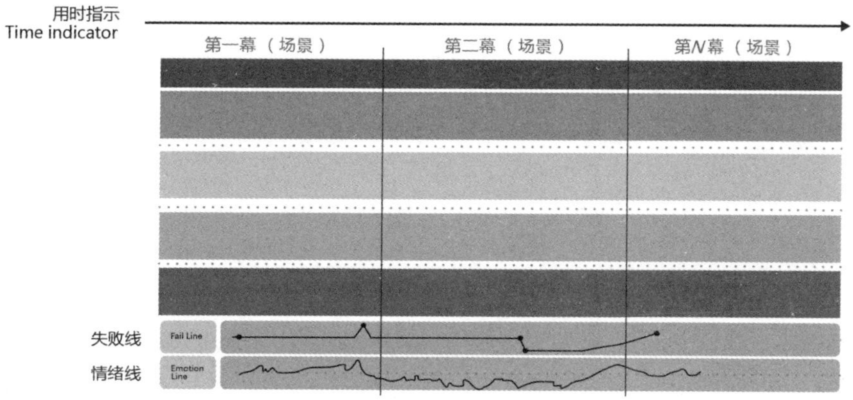

图 3-2　服务蓝图的失败线和情绪线

以社保交付的服务蓝图为例，从登录、发起服务单、等候处理到退出，社保交付有 5 种直接和客户接触的服务，如图 3-3 所示。需要注意的是，图 3-3 所示的社保交付的服务蓝图不包括满意度评价、在线客服、400 等服务，不能充分反映复杂、流程长的服务的情况。

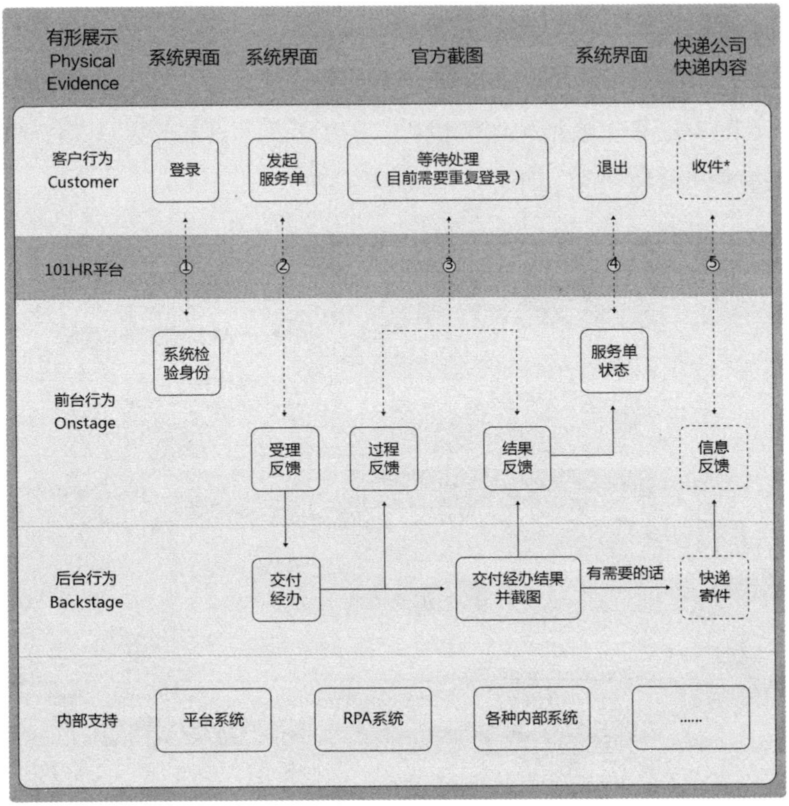

图 3-3　社保交付的服务蓝图

基于社保交付的服务蓝图，社保服务提供商 51 社保在不同的场景下与客户进行互动，并打造出“五维服务质量”，包括可靠、响应、保障、移情、有形。

（1）可靠意味着准确、按时履约的能力，即将社保交付以准确的策略，无差错地按时完成。例如，51 社保的客户每天都会在同一时间收到邮件通知；每月都会收到准确的账单和记录；问题只要提一次就可以得到妥善处理。

（2）响应意味着迅速帮助客户提高服务水平的意愿。让客户等待，特别是无故等待会对服务的质量造成不必要的影响，因此，51 社保在出现服务问题时，会迅速采取补救措施，帮助客户及时解决问题。

（3）保障意味着服务可信的能力，包含几个细节：可信性、安全性、礼仪等。例如，51 社保会为客户提供安全认证、先行赔付承诺等服务。

（4）移情也称同理心，指换位思考，多关心客户的行为。移情包含几个细节：电话接通率高、亲切而个性化的称呼、话术简明易懂、避免“冷冰冰”地回答、急客户之所急、竭尽全力为客户解决问题等。

（5）有形是指无形服务的有形展示，如网站、客服穿着、账单、快递包装等。

如果将服务蓝图与“五维服务质量”转移到交付型 HR 的工作中，就需要他们在带给员工利益和服务的同时，让公司实现商业变现，获得利益反哺。根据工作的执行和完成情况，交付型 HR 可以分为 3 个等级。

（1）初级：只按照上级发布的任务做事，从不主动思考。在这种情况下，他们的工作完成情况不能令人满意。

（2）中级：依然以上级发布的任务为导向，但能专注于任务本身，工作都可以完成。

（3）高级：可以交付方案，会超预期地完成工作。他们不仅仅关注工作本身，还清楚为什么要做这项工作、这项工作为谁而做，以及不同的工作对业绩有何影响。

要从初级的交付型 HR 成为高级的交付型 HR，应该从以下几个方面入手。

1. 需求=隐性需求+显性需求

职场上的需求通常由显性需求和隐性需求两个方面构成。让我们举一个职场小例子：上级需要你整理一篇文档，发送到他的微信上。这项任务的显性需求是将文档整理后发给上级，而隐性需求则是上级不仅需要通过你发的文档获得完整的信息，更需要方便查阅。此时一个成熟的交付型 HR 应想到 Word 文档在微信里直接打开很有可能会出现排版错行等现象，这时如果选择用 PDF 发送，那么就会更加方便上级查阅。

2. 达成共识、主动反馈

很多时候，领导是需要和一线的管理者共同落实公司战略规划的，而业务主管通常需要主动去推动项目前进，才能保证与领导的目标和理解是一致的。而交付型 HR 在工作中，需要主动寻找答案：领导的想法是什么？目标是什么？他想要什么样的结果？在制定目标的过程中，最重要的一点就是要主动反馈、持续沟通，这样才能达成共识。

3. 开放与封闭交互

一名成熟的交付型 HR 通常使用的有效方法是开放式任务拿封闭的结果。开放式任务在工作中会给接受任务者很大的思考空间。例如，本月应该招聘几个人？此时交付的结果应该是一个确定的答案。

假如“这个月要招到 15 个人”，此时交付的结果应该是一套方案，这里的方案不是说生成一份报告给领导，而是先思考出一套可执行的方案。例如，明确领导要招聘 15 个人的原因，把握招聘进度，实时调整招聘计划，有可替代方案和应急预案等。

在应用交付思维的过程中，业务流程梳理的起始点将与原来不同。在系统建设思维里，业务流程强调的是“弹性”。因此，在交付型 HR 梳理业务流程的过程中，大量的工作在于为了确保业务流程的弹性而制造出“缓冲地带”，从而使业务流程变得更灵活和有余地。

而在交付思维里，业务流程梳理的起始点是与之相反的，即先要明确在交付状态下的场景图，然后根据场景图判断哪些工作是必须做的，以及这些工作目前的进展如何。高级的交付型 HR 会放大交付思维的优势，让自己的任务有条不紊地完成。

3.1.2　专家型 HR

专家型 HR 通常精通各个模块的方法模型，也能够对出现的问题提供专业意见，并指导交付型 HR 的工作。在向规模化、职业化转型的公司中，最需要的就是专家型 HR。

人是公司发展中最重要也最不可控的因素，所以，专家型 HR 一般通过科学的方法和数据分析去研究人——如何使人在公司的工作流程中产生最大的价值。不管是绩效、招聘，还是员工关系管理，专家型 HR 的目的都是激励员工产生更大的价值。

这一点可以用经典的管理型案例进行说明。一般的业务团队的工作比较枯燥，经常包括很多重复性的工作。但现在的年轻人需要的是自由和激情，如果要将激情映射到产品的世界中去，需要的就是一种关键的模式——游戏。

在游戏中，人们可以通过金币的奖励获得满足感和荣誉感。所以曾经在商界中，有一段时间很流行用游戏化的方式做管理，但这波浪潮很快就消失了。因为游戏过于自由，员工的反馈很强烈，以至于管理的预期效果并没有达到。

随着时代的发展和相关理论的完善，现在已经有公司创造了一套基于产品思维对员工进行管理的模式。为了缓解业务团队的枯燥感，这些公司会利用类似于游戏的方式对员工进行实时奖励。例如，在员工完成一个项目后，游戏系统可以通过刷屏、点赞、送礼物等方式调动员工的积极性。并且，这种激励不只来自领导，还来自身边的同事，这才是真正的游戏化管理。很多公司的业务系统都在朝着这个方向发展，将更多的社交属性、游戏属性带到工作中，通过产品化的方式做激励。

每个人在生活中都会有各种各样的情绪，这些情绪可以分为四类——愉悦、爽感、愤怒、恐惧。HR 要想做好激励，应该了解情绪的运作方式，研究上瘾机制。

上瘾机制的目标是在工作中不断赋予员工激励感和满足感，在 HR 的专业领域中就是让员工和游戏产生共鸣。如果落实到细节，系统化激励的理论是外在激励和内在激励的相互刺激。人是由内在激励带动的，而内在激励是由外在激励带动的。其中，外在激励指的是奖金、权利、名誉，内在激励指的是满足、愉悦。

曾经有一个 HR 调研了管理者的履历、家庭情况、生活状态，在充分把握其需求的情况下，利用自己的知识，将激励的效果做到了最优化。在这个 HR 的努力下，管理者的离职率很低，工作热情也十分高涨，为公司的运转提供了便利。

3.1.3 战略型 HR

在有正规化流程的公司中，奖励和惩罚的关系最终会达到一个平衡状态，即管理层对流程和 KPI 进行设计和把控，员工按照流程实现 KPI。但在不重视人力资源管理的公司中，员工有时可以逃避任何可能影响自己利益的责任。这种现象会影响公司的整体运营效率，也会让公司缺乏竞争优势，使员工的工作缺乏生机和乐趣。

为了回避处理公司和员工之间的矛盾，如解除劳动关系、解决劳动纠纷等，管理层会将这些事务安排给人力资源部门。而人力资源部门在处理这些事务时不可避免地处于矛盾的焦点，工作体验有时非常糟糕。如今，越来越多的管理层已经意识到人力资源管理在战略落地中的优势，并开始探索让人力资源管理帮助公司实现最大价值的途径。

从这个角度出发，HR 更像公司内部的战略师，需要关注如何让公司获取竞争优势、如何让团队最大限度地保持生产力、如何调动员工的积极性等问题。在此过程中，战略型 HR 的雏形便逐步展现出来。

最近几年，移动互联网不断发展，公司面临市场资源被快速瓜分的压力，管理层将招聘作为主要任务。在这种情况下，HR 的工作节奏非常快，必须快速招聘、快速解决问题。“快”成为移动互联网时代 HR 的生存之道。

所以面对员工流失严重等问题，战略型 HR 不能只关心招聘。招聘只是在为公司堵住人才漏洞，只有将员工流失把控住，才可以从根本上解决问题。如果管理层特别重视招聘，战略型 HR 通常就不会操之过急，而是利用自己的强项稳中求进，为公司解决问题。他们会与管理层沟通，充分了解为什么公司把招聘作为人力资源部门的首要工作。

另外，为了实现公司的目标，战略型 HR 平时应该多走访基层，和员工谈心，并通过建立员工离职访谈机制调查员工离职率高的真实原因，然后对结果进行分析。

在此，我们将分析结果归纳为三类：职权以内可以解决；职权以外低成本解决；职权以外高成本解决。

首先，我们把职权以内能够解决的问题先解决，让员工看到 HR 在帮他们解决问题。这可以让员工产生希望，当他们有问题时自然第一时间就想到 HR。这样 HR 能够掌握员工的思想波动，有利于提前控制员工流失。

其次，我们把职权以外低成本能够解决的问题解决。对于这类问题，HR 要建立沟通渠道，将信息反馈给管理层。如果 HR 提出一个可以低成本解决问题的方案，管理层大多数会同意，并且同意的速度不会太慢，这样也能够体现 HR 为民请愿的决心和效果。

最后，我们把职权以外高成本能够解决的问题解决。对业务能力并不太强的 HR 来说，这类问题可以先暂缓，等到与管理层沟通后再采取措施。

一名成熟的战略型 HR 擅于总结，能够建立完整的工作汇报机制，将人力资源管理中出现的问题进行罗列，用数据和图表的形式展示，并向管理层汇报。这样不仅有利于加强管理层对人力资源管理的重视，也可以让自己获得发展。

3.1.4 文化型 HR

公司都有自己的文化，文化型 HR 就是寻找、塑造、传承公司文化的人。公司需要文化型 HR，因为他们能为公司营造出生机勃勃、卓有成效、集传统和现代管理理念于一体的文化氛围。从受到关注到现在，文化已经历了 3 个不同的阶段，如表 3-1 所示。

表 3-1　3 个阶段的文化

阶　段	核　心	代　表	目　标
结果文化	不管黑猫白猫，只要抓到老鼠就是好猫	改革开放	底层需求（温饱）
商业文化	文化是为业务服务的	阿里巴巴、华为	发展需求（小康）
不确定性文化	过去的文化是模子，把你塑造成我想要的样子 未来的文化是容器，让你发挥出你本来的样子	Google、字节跳动	自我实现（富裕）

公司的文化建设与人力资源管理之间有密不可分的关系。文化建设作为公司的精神支撑，可以对公司的发展进行有效的推动，从而使公司增强自身的竞争性。

良好的文化建设能够使员工凝聚在一起，劲往一处使，为公司的壮大和发展贡献自己的力量。然而，文化建设是有所依赖的，公司只有对人力资源进行科学而有效的管理，人力资源才能够转化为公司的战略性资源，为公司所用。

文化是由信念、价值观等组成的特殊的要素，能够展示出公司自身的精神风貌。优秀的文化能够烘托出一种积极向上的氛围，这种良好的氛围更容易激发员工的才能与潜质，使其为公司的发展和壮大提供不竭的动力。那么，文化型 HR 应该如何打造文化呢？包括以下几个重点。

1. 营造良好的环境

一是营造竞争环境，使员工实现横向和纵向的流动；二是营造知识共享环境，做到组织创新、制度创新和观念创新；三是营造激励环境，建立有效的绩效管理机制等。

2. 从战略的角度出发

文化型 HR 在进行文化建设时，必须了解公司的目标和经营方向。例如，公司如果运用成本领先的竞争方式，那么文化建设就应该重视成本管理；如果公司更关注人力资源的职能，那么文化建设就应该与人本精神和人才理论相结合。

3. 以人力资源管理为依托

如果公司实施差异化战略，那么规章制度就要灵活，为员工创造广阔的空间，鼓励员工进行创新。严格、死板的规章制度与崇尚自由的知识型公司势必是不匹配的。

4. 以促进公司的发展为目标

近几年，全球的经济增长速度整体放慢，但市场的竞争同样激烈。在这种情况下，很多文化型 HR 都在积极进行文化创新，希望可以在短时间内优化公司的形象，使公司获得更强大的竞争力。

综上所述，要想从根本上提升公司的价值，在合理配置资源的同时，HR 也应该建立良好的文化，激发员工的积极性。这样不仅可以促使员工为公司做出更多的贡献，实现公司的可持续发展，也可以将人力资源管理与文化建设结合起来，使其共同发挥作用。

3.2 不同职业生涯的 HR 需要思考什么

每个 HR 都知道自己的职业生涯会发生变化：从 HR 专员转成 HR 经理，再从 HR 经理转成 HR 总监。“路漫漫其修远兮”，在职业生涯的变化中，所有 HR 都需要不断思考，至于思考的具体内容，则会根据岗位的不同而不同。

3.2.1 HR 专员

对 HR 经理和 HR 总监来说，HR 专员的工作就是一个基础，如果无法将这个基础打牢固，将很难有向上发展的空间。因此，做好人力资源管理的首要任务就是成为一名合格的 HR 专员。要达成这个目标，关键在于了解 HR 专员应该思考什么。

在招聘方面，HR 专员应该思考招聘渠道的有效性、初试的参与率和合格率、复试的参与率和合格率、最终的报到率与转正率、与候选人沟通的语速和语态、接待候选人的方式、雇主品牌的建设策略等。接下来我们重点讲一下当下十分流行的招聘渠道——社交招聘。

在做社交招聘时，HR专员应该掌握四个关键词。第一个关键词是“间谍”，指的是要与候选人互通信息。需要注意的是，信息虽然可以互通，但一定要有底线，把握好尺度，明确什么样的信息可以讲，什么样的信息不可以讲。

第二个关键词是“胡萝卜”，即投其所好。HR专员要想方设法弄清楚候选人的诉求是什么，然后尽量满足这个诉求。

第三个关键词是“双赢”。HR专员可能会遇到这样的场景：候选人的朋友正在找工作，而候选人提供的信息刚好帮到了他。此时，HR专员不妨多想一想，如果自己可以和候选人合作，让候选人将公司的信息传播给朋友，那么就可以为公司招揽更多优秀的人才。

第四个关键词是“示弱”。从某种程度上讲，HR专员是需要示弱的，即在能够获得帮助的同时，让候选人知道自己目前的状态如何。当然，HR专员虽然可以适当示弱，但还是要不断提升自己的沟通能力、鉴才能力、执行力。

在薪酬方面，HR专员除了要思考如何准确地为员工发工资，还要设计薪酬体系、制定福利策略与激励方案、熟练运用数据统计工具（Excel、Word等）。其中，对HR专员来说，比较重要的环节是设计薪酬体系。设计薪酬体系主要包括以下4个步骤。

（1）确定薪酬体系的总目标：设计一个与时俱进的薪酬体系，解决利益分配问题，提升员工的积极性，激励员工创造价值，降低招聘的难度。

（2）进行岗位分析与薪酬调研：岗位分析是为薪酬调研服务的，需要对岗位的工作量、工作价值、市场稀缺程度等多个方面进行评估；薪酬调研要了解薪酬的结构，结合公司的人力成本与盈利状况进行综合考量。

（3）根据公司的目标设置全年收入总额：确定不同级别员工的全年收入总额，并制成军令状，让员工签字。

（4）设置合理的薪酬结构：薪酬分为三类，分别是基础类薪酬（不能低于当地最低工资保障）、绩效类薪酬（评判标准是目标的完成情况，原则是多劳多得）、福利类薪酬（“五险一金”、高温补助、商业保险、通讯补助、交通补助、节假日津贴等）。HR 专员可以根据公司的实际情况对这三类薪酬进行分配，并确定其支付标准。

（5）为薪酬体系编制相关规定：薪酬体系的目标与原则、薪酬体系的适用范围、薪酬的发放时间与发放程序、薪酬核算有误的申诉与处理流程等。

在员工关系管理方面，HR 专员要思考员工的入职、离职等环节。作为 HR 专员，要具备同理心和亲和力，要让员工愿意向你咨询。此外，HR 专员也应该将员工经常提的问题整理成文档，当其他员工咨询时可以直接为其提供帮助。员工关系管理涉及很多琐碎的事务性工作，只有具备良好的心理素质，HR 专员才能更好地将这些工作有条不紊地完成。

万丈高楼平地起，任何管理者都是从基层一步步做起来的。试想，一个 HR 经理如果不知道什么是 STAR 面试法，不知道社保的缴费比例，那么他（她）可以得到员工的信任和认可吗？几乎不可能。因此，只有将基础打牢，工作才能上升一个高度。

3.2.2　HR 经理

HR 经理作为中层管理者，需要具备全局思维，思考组织建设、团队建设、人才培养、目标分解等内容。具体来说，HR 经理应该参与战略的制定，明确公司的目标，然后再依据战略和目标设置组织架构，规定各岗位需要做的工作及需要的资源支持。接下来，HR 经理还要再做一个整体的人才盘点，明确各岗位分别需要什么样的人才。

人才盘点类似于将军在带兵打仗前评估自己的实力，了解自己有多少武器、粮草、兵马等。人才盘点还有一个好处就是对内也能建立一套比较完善的标准，让员工对人才的定义产生共识，进而提升公司的业绩，强化组织的竞争力。

HR 经理不能只关注某一个模块，而要关注人力资源管理的所有模块，从事综合性工作，集中精力解决公司面临的问题，做好过程监督和组织协调。对 HR 经理来说，向上管理和向下管理都非常重要。在向上管理方面，HR 经理要满足领导的期望；在向下管理方面，HR 经理要管理人力资源部门的业务，关注 HR 专员的能力提升和个人成长。

在工作中，HR 经理应该给予下属更多的指导，沉淀更多的方法论，并带领下属在执行层面上贯彻这些方法论。在出现问题时，HR 经理不仅要提供完善的解决方案，还要采取一些行为辅助业务部门的管理者，让人力资源部门为业务部门的工作赋能。

优秀的 HR 经理还要懂人心，注重领导力的提升。懂人心的 HR 经理以下属为重，会像朋友一样关心他们，事事亲和、周到。此类 HR 经理的优势是善于和下属沟通，从不吝啬表扬之词，让下属有较高的归属感，从而保证整个团队的灵活性。

不过，只依靠单纯的亲和力很难促进团队的发展，因此，HR 经理还需要提升自己的领导力，让下属主动服从。要提升领导力，HR 经理可以采取以下措施。

（1）多为下属考虑：想要让下属跟着自己“混”，除了要考虑下属的生存需求，还要考虑下属的价值提升和职业发展，即让下属既“有钱途”又有前途。

（2）有管理能力：HR 经理要学会挖掘自己的专业价值，让员工看到自己的管理能力，以增强员工对自己的信任和支持。

（3）带领下属学习：HR 经理必须有很强的学习能力，要比下属学习得更多、更快、更全面，而且还要带领下属掌握业务知识、操作技能、规章制度，全面提升下属的素质。

（4）成为下属的榜样：HR 经理要按照标准、规范、时间严格执行规章制度，这对加强员工的执行力至关重要。当 HR 经理以自身的执行力要求下属时，下属的工作效率就会提高。

（5）塑造人格魅力，提升个人影响力：HR 经理要想成为一个品行端正、处事无私的人，说话、办事就必须一碗水端平，不要在团队中形成做事分亲疏远近的不良风气。

（6）改善态度和行为：居高临下的态度、恃权傲物的行为只能造成感情隔阂，使 HR 经理与下属之间的关系更紧张，而不能换来尊重与信服。因此，HR 经理要改善自己的态度和行为，在和下属沟通和交流时，不能摆出一副高高在上的样子。

优秀的 HR 经理对员工有天然的吸引力，令员工情不自禁地想去观察、学习。HR 经理要在做好本职工作的基础上培养领导力，将目标和理想告诉员工，并使其认同。此外，HR 经理要积极反思，不断修炼自己的管理能力，让人力资源部门成为公司的坚强后盾。

3.2.3 HR总监

怎样做好HR总监？一个优秀的HR总监除了具备老板思维，还要拥有顾问式的知识结构和军人的执行力。如果HR总监在进行人力资源管理时，不能站在老板的角度思考，那么肯定很难把工作做好。很多HR总监的在职时间很短，是因为跟不上公司的发展速度，无法为公司创造价值。为此，HR总监要从招聘、绩效考核、培训等方面入手提升效率，为公司带去利益。

1. 提升招聘的效率

招聘的目标是在最短的时间内找到与岗位匹配的员工。HR总监可以通过增加候选人的数量、提升识别人才的速度等方式确保招聘到的每一个员工都符合要求，并能够为公司创造价值。

招聘的衡量指标是转正率及到岗率。如果HR总监有进步的欲望，就会想方设法找到候选人，并借助各种措施让候选人到公司任职。等到候选人任职后，HR总监会为其安排详细的培训计划，使其尽快熟悉岗位，最终顺利转正。

2. 提升绩效考核的效率

大多数员工都不喜欢绩效考核，那么HR总监要做的是什么呢？就是让员工喜欢绩效考核。如果员工喜欢绩效考核，那么HR总监思考的内容就不是如何进行绩效考核，而是哪些员工通过了绩效考核。HR总监要让员工围绕着清晰的目标和关键路径有效协同起来开展工作，最终实现目标。如果 70%～80%的员工都能完成目标，那么绩效考核就有效果。

3．提升薪酬管理的效率

HR 总监要提升薪酬管理的效率，必须建立职能职级体系，坚持以岗定级、以级定薪、人岗匹配、易岗易薪的原则。一般来说，职能职级体系没有太大变化，变化比较大的是激励体系。员工只有感受到激励，才有动力去工作，形成更高的产出，从而让人力资本效益越来越高。

4. 提升文化建设的效率

如何将文化落实是 HR 总监需要思考的问题。首先，通过分享标杆案例，激发员工艰苦奋斗的意识；其次，通过宣传，让一些优秀的行为及工作思路更好、更快地在公司内部推广，并鼓励其他员工向优秀的员工学习。

5. 提升培训的效率

HR 总监会接触新员工、老员工及管理者等不同层次的人。所以，他们要思考如何促使新员工快速融入环境、如何提升老员工的工作技能，以及如何提升管理者的管理水平。HR 总监应该利用自己的专业知识为公司创造价值。例如，为新员工建立入职培训知识库；为老员工开通必修课、设置考试和通报环节，督促其学习；为管理者分享管理经验，组织管理者培训。

6. 提升任职资格管理的效率

任职资格管理是一套职业化技能提升的方法论，即通过对职业化技能进行系统、全面的评价认证，给予员工相应的职级。通过建立任职资格标准，HR 总监可以不断指导员工找出工作差距，明确提升的方向，不断提高其胜任力；通过任职资格认证，HR 总监可以将合适的员工安排在合适的位置，实现人岗匹配，为人才培养及梯队建设提供有力保障。

与 HR 专员和 HR 经理相比，HR 总监除了要充分理解业务需求，还要指导人力资源的组织架构设计。基于不同场景、不同阶段，HR 总监应该从老板思维入手，借助顾问式的知识结构和军人的执行力，让自己的工作顺利开展。

第 4 章

根据公司的发展阶段调整工作重心

人力资源管理需要将“人”这种资源充分运用好，用来支撑公司的生存发展和可持续盈利。成功的人力资源管理模式都很相似，但不成功的管理模式各有各的漏洞。虽然很难界定什么样的管理模式才是最有效的，但好的管理模式总归有章可循。所以我们接下来重点讲在公司不同的发展阶段中 HR 的工作重心和工作安排。

4.1　初创期（天使、Pre-A、A 轮）

在初创期，公司还没有完整的商业模式，生存策略也在探索中，尚未完全摆脱生存危机。在这个阶段，公司需要市场试错和创意驱动来实现经营的突破。所以，处在该阶段的人力资源管理工作有一个重要的特点：通过日常的综合行政和人事服务工作来履行人事管理职能。

4.1.1　角色：基层执行占比较大

在公司初创期，老板对人力资源管理工作只有最基本的要求：HR 只要可以做好综合行政和人事服务工作，通过日常的考勤、社保和劳动关系的维护来履行人事管理职能就足够了，并不需要精通发展战略和专业的管理策略。

一个懂策略的 HR 固然重要，但是在这个发展阶段，公司老板一心只为了让公司活下来，根本无暇顾及那么“高大上”的东西。

所以在初创期，招聘合适的人才最为重要。这里所说的人才不是指业内一流人才，因为小型公司根本满足不了这类人才的全部需求。公司老板想要的只是能够对商业模式、市场，甚至公司生存起到关键性推动作用的人才。

所以HR在制定招聘目标与规划时，首先应提前与老板深入沟通，清晰地了解公司的业务、薪酬福利、规模、同行业竞争对手、岗位需求及工作内容，根据这些来制定需要招聘的岗位，再按照岗位的紧急程度来进行逐级招聘。

其次就是了解公司的优势，用优势吸引人才。初创公司的人员不多，这对HR来说不失为一个好处，那就是方便深入一线。在空余的时间里，HR可与目前的在职人员闲聊，了解他们平时的工作内容、自身的发展目标等。这是很重要的一步，对以后的薪酬谈判起到很大的作用。

所有人力资源管理都脱离不了成本的限制，在本阶段，HR还需注意的重要一点就是成本导向，在最大力度节省成本的情况下，提供稳定的后方支持，为一线运营人员提供所需的保障服务。

在人力资源管理专业职能还不是很明确时，HR应参与到公司的运营发展中，根据公司的运营发展需要，了解公司的业务发展，实时出台公司运营发展所需要的方案，发挥自己在公司运营发展中“助推器”的作用，为未来人力资源工作的开展奠定扎实的基础。

HR开展工作的具体步骤如下。

（1）充分了解业务部门的具体需求。

（2）帮助解决公司在处理业务中存在的问题。

（3）组织建立和宣传公司文化。

（4）建立基本的人事管理制度。

其中，组织建立和宣传公司文化尤为重要，创业公司在物质基础较弱的情况下，唯有利用公司精神和价值观的力量，才能够支撑创业团队赢得市场和生存。

最后，创业型公司倡导“全员皆兵”，职能管理人员也需要背负相应的市场压力和业绩指标，总之，该阶段的 HR 在公司中扮演的角色主要是基层执行人员，一切为了公司的生存考虑。

4.1.2　核心定位：服务为主，监督为辅

对于创业公司，独特的组织设计和管理方法是非常必要的。公司需要营造一种优良的环境与氛围，支持员工在工作时有创新、独特的想法。世界瞬息万变，公司要想在激烈的竞争中生存，就需要不断探索新的机会。

从管理角度看，创业是一个勇于承担风险、积极实践创新、主动参与竞争和获取商机的过程。这个过程使公司通过识别市场机会创造价值。所有管理领域的决策都有可能影响到公司的创业，而人力资源管理的辅助似乎是最重要的。

1. 为部门招揽合适的人才

（1）初创公司的人员流动性较大，HR 应该将很大一部分精力放在招聘方面，以服务业务部门为导向，最好在恰当的时间将优秀的员工送至相关部门，以确保业务的正常运作。

（2）在工作失误时，有必要做出总结以防下次再犯。比如，人员离职率高，合适的人才流失等。HR 应善于总结谈判技巧，为公司留住高技术人才。

（3）HR 要提高自身修养，对面试岗位的职责、相关专业名词、工作流程掌握熟练，让应聘者觉得这家公司的 HR 素质较高，进而对公司产生好印象。

2. 点燃员工的工作激情

对一个创业团队来讲，如果员工每天对待工作就像一潭死水，那么这个团队的业绩永远不会好。富有激情的员工是公司发展的根本，他们可以给公司带来辉煌的业绩。

作为 HR，在创业初期，一定要将公司的氛围打造好，最有效的方法就是要建立成功的公司文化。文化是基因，可以影响人的行为，文化可以影响个人，个人可以影响团队，团队可以影响公司。

3. 制定基本的规章制度

一家公司，小的像一个家，大的像一个国，家有家规，国有国法，所以公司也要有基本的制度要求。在公司初创期，HR 虽然要以监督为辅，但也要根据战略目标设定组织结构、职位、流程，有流程就要有制度约束。

所以在这个阶段，HR 要制定基本的职责流程、规则制度，如招聘流程、员工入职流程、考勤规则、员工手册、保密协议等。

（1）制度的完善体现了公司流程的规范，完善的流程会给以后的工作提供极大的便利，更会使业务部门提高效率。

（2）在一家新的公司里，为了保证业务团队顺利开展工作，需要 HR 规范流程。规范要从头开始做，不是一件容易的事情，但这对 HR 来讲也是一种挑战，经过梳理找出“筋骨”就知道下手点在哪里了。

（3）HR 需要具备较好的公文写作能力，如果以前没有学习过，那么一定要多看这类的书，基本上看 3～5 本就可以写公文了，HR 还是要通过自我学习和消化来提升自己的能力。

以上几个方面是处于初创期的公司的 HR 要做的事情，这些事情很细、很费时间，但是很有用。如果用专业的人力资源语言去描述，那么可能是创造适宜的办公环境、根据人力资源战略规划优先找到核心岗位的人才、建立公司文化体系、根据业务战略要求制定公司规章制度。

4.1.3　工作重心：以事务性工作和招聘工作为主

在处于初创期的公司中，员工不是很多，组织架构和岗位设置也没有十分完善，因此，HR 可以将工作重心放在事务性工作和招聘工作上。

其中，事务性工作虽然比较关键，但是具备一定的机械性、重复性，不会对 HR 的价值提升与成长有非常大的帮助，也难以让 HR 产生愉悦感和自豪感。不过，因为 HR 几乎都受过系统的教育和训练，所以事务性工作难不倒他们，他们能将其做得很好。

除了事务性工作，HR 更应该对招聘工作引起足够的重视，因为在初创期，公司需要有能力的员工来提升市场竞争力，为以后的规模扩大奠定人才基础。作为招聘工作的执行者，HR 有必要为公司引进员工，扩充人才队伍。

招聘工作的关键在于招聘需求分析和及时性，即根据公司统一的人力资源规划，对由各部门管理者根据长期或短期的实际工作需要提出的招聘需求进行分析。

在这个过程中，HR 需要明确公司需要什么类型的员工、需要多少员工、对这些员工有什么要求，以及通过什么方式去招聘公司所需要的员工。同时还要确定公司提供的招聘预算是多少、支持怎样的招聘渠道等。

HR 还要能准确分析：各部门提出的招聘需求是否合理；导致无法达成目标的原因是工作量确实大，还是工作效率低；是员工业务知识不够还是工作量超标而导致效率低。总之，HR 要能分析各部门各岗位的实际情况，从而确定比较合理的招聘需求。

在目标和计划明确之后，招聘工作会变得更加有的放矢。在招聘需求明确以后，HR 就需要在源头把好关，通过一些招聘渠道来选拔人才，如网络招聘、校园招聘、现场招聘、纸媒招聘、猎头招聘、内部推荐等。现在，智联招聘、Boos 直聘、猎聘网等招聘平台都非常受欢迎，HR 可以根据公司需求在上面发布招聘信息，以吸引求职者的关注。

HR 在发布招聘信息后，往往会收到大量的简历，这就需要他们从中筛选出符合自己公司岗位的简历。为了提升工作效率，HR 必须掌握快速筛选简历的技巧。

（1）优先考虑“硬性指标”，即学历、工作经验和年限、相关证书取得情况等。

（2）关注“匹配性指标”，即求职者的个人情况和应聘的岗位与公司的发展状况是否匹配，求职者的工作背景、期望薪酬是否与岗位匹配等。

（3）警惕“含糊”信息，例如，简历中可能会出现这样的内容：“英语具有较强的听说读写能力”。

（4）分析信息的逻辑性，即描述是否有条理、工作时间是否连贯、是否符合常情、是否前后矛盾等。

简历筛选是 HR 的重要工作，在这项工作完成以后，HR 就可以对符合条件的求职者进行面试。在面试时，HR 需要深入了解求职者，借助宣传文案显示公司的实力和文化，同时还要全方位介绍公司的薪酬和绩效情况，多强调公司的晋升和发展空间。

事务性工作和招聘工作是为公司提供营养，解决人才配置、岗位空缺等问题的工作。公司要扩大、要成长，就必须把事务性工作做好，同时还应该招聘更优秀的人才加盟，让整个人力资源体系呈现出良性循环发展的状态。

4.2 快速发展期（B 轮、C 轮、C+）

公司在发展中如果有了特定的商业模式，现金流也较稳定，就意味着进入了快速发展期。在这个阶段，随着公司规模的不断扩大，员工数量也在不断增加，HR 的专业职能开始发挥作用，利用初创期的人事管理经验，为现阶段的人力资源管理实践奠定基础。

4.2.1 角色：以中层分解为主

新兴创业者们如果把握机会，往往就能使公司得到快速发展。可是如果被一时的胜利冲昏了头脑，往往在高峰过后就会后劲不足。一是员工素质跟不上公司的发展，特别是中层的管理能力相对薄弱；二是管理制度不规范，漏洞百出。

此时，公司首先需要调整的就是人的问题——人力资源领域。接下来我们谈谈处于快速发展期的公司如何提升 HR 的管理。

在快速发展期，HR 起到了中流砥柱的作用，承担了高层决策、中层分解和小部分基层执行的三重任务，其中以中层分解为主。下面我们分析一下在此阶段 HR 角色的变化。

1. 高层决策

此时领导仍然是最大的 HR，但是由于公司的发展，领导需要专注业务和运营管理，因此 HR 有了一定的决策权。

这时，HR 可果断建议领导改变位阶结构管理，以提高各级管理者的工作效率，确保管理链的良性运转。除非发生异常紧急事件，一切公文必须逐级审批。同时也可给新生的中层管理人员一定的核准权，即在权限之内部门负责人签字即可，无须再向上级请示。这个流程如能顺利运转，可以达到各司其职、事半功倍的效果。

此外，为防止中层管理人员滥用权力，HR 也需要给普通员工提供发言的正常通道：员工对现行制度不满可向上汇报，如设立员工意见箱等，区域总监定期对出现频率高的问题给予答复。这对公司的业务进展与整体和谐氛围的营造有很大的帮助。

2. 中层分解

对于正处于快速发展期的公司，在管理体制上，很多公司都无法使管理制度跟上公司发展的步伐。为了弥补管理制度上的不足，人力资源部门就要深入各职能部门，协助中层管理人员，这样才有可能保证公司的良性运作。

在这个非常时期，HR 与职能部门的负责人一起对员工进行梳理与沟通，协助中层管理人员及时了解每个员工的工作态度与心理变化等问题，并及时对员工进行心理辅导与职业规划，稳定员工的心态，为职能部门的业务发展起到正面的促进作用。

在管理培训方面，对于中层管理人员与刚提拔的年轻管理者，HR一定要重视领导力、态度建设、创造力、执行力、绩效管理、职业生涯、团队拓展等方面的内部培训。

3. 基层执行

（1）加强分析员工特质。HR 需要通过观察和分析来掌握员工特质，针对评估结果，使用分层整合策略，使其在新的市场环境下发挥积极作用。

例如，上进心强、思维灵活、具备一定能力的管理者可作为培养和重用的对象；对于观念陈旧、业务能力较差、但对公司忠心并愿接受新观念的员工，可采取调整其工作岗位的措施；将有不良习惯、个人提升不努力并私心重的员工作为淘汰对象。

（2）多做思想工作。公司在快速发展期一定会出现新的业务与新的观念。作为人力资源部门，要推行新观念，就要先统一员工的观念和思想。HR 要定期深入基层，通过与员工进行多方面的沟通，改变团队的观念和工作态度，激发员工接受新观念、努力提高专业技能的意愿，营造积极进取的公司文化氛围。

（3）注入新鲜血液。要运行新的业务模式，仅凭原人员储备显然不够。HR 需要根据公司人才招聘计划引进具有专业经验的精英或招聘优秀应届毕业生，新生力量的加盟与融合，能使公司在激烈的市场竞争中常变常新，长期处于不败之地。

相信人力资源部门在公司的快速发展期足以应对各种事务的变化，通过以上几种手段能够提升 HR 的应用价值。

4.2.2　核心定位：服务为主，监督为辅，零星引导

对处在快速发展期的公司来说，及时引进专业技术人才是至关重要的。作为公司人才引进的组织部门，人力资源部门应及时走进用人部门，并适时地引导用人部门对人才的需求有一个更深刻的认识与理解。所以在此期间，人力资源部门的核心定位依旧是服务为主，监督为辅，并在此基础上进行适时的引导。

在这个阶段，随着公司规模的不断扩大和员工数量的不断增加，HR 的专业职能开始发挥，人力资源管理逐步成为整个管理体系中的基础模块。该阶段的人力资源管理实践需要关注以下要点。

1. 以服务为主的管理

（1）招聘。在本阶段，如果人力资源部门可以正常把握员工流失率和入职率，那么 HR 就可以为公司的快速发展建立人才库，以备不时之需。

（2）培训。人力资源部门要总结优秀员工的实践经验，构建适合公司特点的“典型打法”，并通过培训的手段，快速提高员工的业务能力。

（3）标准化体系建设。人力资源部门应通过员工角色分析、业务实践研究、任职能力梳理等，实现工作流程标准化。

2. 监督为辅，优化系统

当一家公司具备了持续规模化的盈利能力时，我们可以认为它达到了机会成长阶段的高峰，在这个阶段，只要现金流充裕，即便出现了短期的经营亏损，该公司也具有应对内外部危机的资本积累。

在这样一个阶段，公司的运营系统运行逐渐平稳，同时为了追求组织效能最优，人力资源部门开始探索利用规范流程的方式来提高经营效率。如何打造一个高效的运营系统，成为公司关注的重点。该阶段的人力资源管理实践需要关注以下要点。

（1）搭建系统的人才培养体系，打造专属于公司的精干力量。

（2）开展“精英招揽”计划，针对性地引进职业经理人，借助成熟公司的先进经验，优化公司的运营系统。

（3）优化组织结构，通过对组织结构和运行机制的调整，激发内部活力，促进业务发展。

3. 逐渐加强引导

对于公司的管理制度建设，HR 需要尽量做到合法、合理、合情，既能公平、公正地对待员工，也能合法地保护公司的正当利益。

在管理制度上，HR 要做到公开化、透明化、制度化、流程化，让制度对员工的日常行为起到正确引导的作用，而不是引起员工与公司的对立。好的制度是公司与员工之间的有效桥梁，能让员工感受到在公司工作得到了应有的重视与尊重，让他们感受到公司制度的作用不是约束他们，而是引导他们走向职业化与专业化。

这个阶段的人力资源管理开始有了雏形，通过有效分工提高组织效率，通过机制设计激发组织活力，从而使市场业务持续增长。

4.2.3 工作重心：加强员工关系和薪酬绩效工作

在快速发展期，公司的员工基本上已经配置到位，招聘工作不像初创期那样迫在眉睫，反而是员工关系、薪酬绩效等工作占据了 HR 的大部分时间和精力。

1. 员工关系

员工关系与公司的运营和发展紧密相连，HR 应该在遵守相关法律的情况下进行各种管理活动，既要使员工的利益得到保障，也要使公司的荣誉和形象得到最大限度的保护。在员工关系中，以下几项工作需要 HR 重点关注。

1）规范员工医疗期管理

在员工医疗期内，公司不能单方面解除劳动关系，这对员工来说是一项保障措施。HR 站在公司与员工之间，有责任规范医疗期管理，使双方都能够获得一个良好的结果。

首先，HR 应该熟悉《中华人民共和国劳动法》（以下简称《劳动法》）有关医疗期管理的规定，并据此对处于医疗期的员工的权益和义务提出要求；其次，HR 要明白医疗期是有法律效应的，如果处理不当就会有劳动争议，所以必须落实到劳动合同上，而且还要与员工做好沟通；最后，HR 在进行医疗期管理时，既要做到合法，又要做到省钱，最好的办法就是按照法律实施最低标准。

2）规范女员工的三期管理

“三期”指的是孕期（怀孕至产前 15 天）、产期（通常指产前 15 天至产后 75 天）、哺乳期（产后至小孩满一周岁）。由于身体和生理上的原因，处于三期中的女员工在公司中属于特殊的个体，应该受到区别对待。

国家也出台了不少政策来保护处于三期的女员工的权益，因此 HR 对女员工的三期进行规范管理，也是维护公司正常员工关系的必要条件。HR 需要在公司规章制度中明确申请病假、产假等方面的程序，完善休息休假制度，此外，还需要设立清楚的赏罚制度，对处于三期的女员工提交虚假病历、消极怠工等情况加以处罚，防止管理过于人性化而带来消极后果。

3）无风险处理不能胜任工作的员工

员工因为不能胜任工作而受到处理的情况，可能很多 HR 都会遇到。有些员工在上任之后要么业绩不好，要么顶撞上司，给公司带来巨大损失。在处理这些事情时，HR 应该与员工讲明劳动合同中的规定，提前告知员工辞退时间，让员工有一个心理准备，提供员工不能胜任的事实，使员工心服口服。

4）赔偿因公受伤的员工

在员工出现因公受伤的情况后，HR 应该在第一时间向当地的社会保障局申请工伤认定，然后根据认定出来的伤残等级报告做出合理赔偿。当然，当事态比较复杂时，委托律师代理也是一种比较科学的处理方式。

2. 薪酬绩效

薪酬是公司对员工工作的回报，其目的在于激励员工提高工作效率和工作质量；而绩效则是判断员工工作情况的重要指标，可以使优秀的员工得到应得的奖励。随着公司之间的竞争日益激烈，HR 的薪酬绩效工作是否到位已经成为影响员工创造力的重要因素。

现在比较常见的薪酬形式一共有四种：固定工资、绩效薪酬、激励薪酬、福利和保险。不同的薪酬形式搭配起来可以形成不同的薪酬机制，HR 可以根据公司情况自行选择；而绩效则需要通过考核的方式得出，常用的考核方法有现场观察法、关键事件法、强制分布法等。

如果公司正处于快速发展期，那么 HR 就应该尽力调节公司和员工、员工与员工之间的关系，建立积极向上的工作环境，让员工得到合理的薪酬，使绩效的结果发挥作用，从而实现公司的目标和经营战略。

4.3 震荡调整期

随着进一步的发展，当公司具有了清晰的战略思路和有效的业务模式时，该公司就进入了震荡调整期。人力资源管理在该时期发挥着极为重要的作用，在上市前，HR的具体工作除了继续完善管理职能，还需进一步招揽人才、完善绩效管理系统和人事合规管理。

4.3.1 角色：以高层决策和中层分解为主

当公司逐步发展到一定的规模时，就进入了震荡调整期。在此期间，人力资源部门承担了高层决策、中层分解和部分基层执行三重任务。此时工作重心逐渐向高层决策和中层分解转移。

对处于这个阶段的公司来说，管理难度加大，外聘人员增加。员工通常会对公司的发展提出不同的意见及见解，员工与公司之间的信任开始缺失，甚至公司高层出现各自为政的局面。

可能由于公司发展速度过快，或者市场变化过快，公司员工消耗过大，在变化面前会出现不同的声音。这时，公司就需要建立更成熟的公司文化、更坚定的公司发展目标、更规范的员工管理制度和更科学的员工奖励机制。

这一切也意味着人力资源管理开始变得更重要了。公司的规模扩大了，老板已经无法管理到每一位员工，他需要将更多的精力用来考虑公司的战略规划及业务运营层面。

在此阶段，人力资源管理者要根据公司的发展需要，做出以下几种应对方案。

（1）打造均衡型公司文化。过快的发展会使公司陷入“业务为王”的强烈氛围里。建立“内部管理＋业务发展”双重均衡型的公司文化，从业务发展、组织成长、内部管理的角度综合考量公司发展，并通过分步骤导入的策略，逐步淡化过于浓烈的“业务为王”的公司文化。

（2）建立有效的管理机制。部分公司“人治”特点突出，部分中层负责人受老板的工作风格影响，缺乏主观能动性。因此，HR 在岗位职责、管理权限、流程制度三方面不断优化非常重要。

具体来说，首先，需要对高层和中层的岗位职责进一步明晰化，逐步推动项目负责人自我激励的形成；其次，适度下放高层管理权限，合理授权，充分释放中层权限，有利于培养中层负责人的管理能力；最后，在流程控制点不断优化各部门的协调，使公司不过分依赖某些管理人员，形成自发性运转。

（3）优化人力资源管理体系。有效的管理机制必须配合人力资源管理体系的优化，才能发挥作用，特别是薪酬制度、绩效考核、培训、职业生涯规划四方面会对公司管理的发展起到直接的推动作用。

总体而言，处在震荡调整期的公司的 HR 需要从整体层面重新设计人力资源管理体系，涉及人力资源管理规划方案，指导公司识人、用人，推动组织不断发展。

4.3.2 核心定位：加强具有前瞻性的人力战略规划

做任何事情都要讲求流程完整、步骤明确，人力战略规划当然也不例外。一般来说，人力战略规划的最重要环节就是战略对接。在震荡调整期，所有人力资源工作都应该以战略为先，但是现在国内的很多公司都本末倒置，最终导致诸多管理乱象的出现。

有一家位于上海的公司，以销售独具特色的手工艺品为主营业务。这家公司想用 3 年的时间扩展国内市场并占据稳定的地位，所以不得不开发一个全新的项目。虽然是第一次涉猎这个项目，但管理者希望将其引入公司的战略。基于这一情况，HR 建立了一个新的项目小组，并在最开始的时候就赋予其明确的权力和责任。

依照战略进行的人力资源工作会更加科学，而且资源分配和分配方向也会比较合理。另外，因为战略和人力资源工作相互契合，所以公司的发展不会偏离轨道，HR 只需要看目标有没有达成即可，员工也不容易产生过度膨胀的欲望。

可见，HR 要想做好人力资源工作，使公司顺利度过震荡调整期，就必须做好战略对接。在执行这项任务前，HR 需要把以下几个问题考虑清楚。

（1）战略可以细分为多少个目标？

（2）这些目标应该通过何种途径达成？

（3）管理者关注的重点是什么？

（4）有哪些目标可以分解给员工？

（5）目标的达成需要哪些部门配合？

战略对接属于构思阶段，HR 必须对战略进行深入了解和分析，同时还要掌握公司的发展现状。因此，在具体操作时，HR 必须和各部门沟通，不能脱离实际。

4.3.3　工作重心：制度设置、处理重大异常

震荡调整期的工作比较复杂，HR 除了要巩固事务性工作，还必须稳定员工的情绪，不让员工出现离职和懈怠的想法。因此，HR 需要把工作重心放在制度设置及处理重大异常上。

1．制度设置

制度是公司正常运转的保障，公司如果没有制度的约束，就会陷入一片混乱。用制度管理员工，按制度进行工作，只有这样，才能保证员工时时刻刻都会严于律己，充分发挥才智和干劲，为公司的发展注入无穷的力量。

制度设置是一门很深的学问，单纯的模仿并不能使其发挥作用。不论是公司中的高层管理者、中层管理者，还是普通员工，当其承担起有关制度的任务时，都必须充分认识到制度是公司管理的需要。

很多时候，制度设置会影响公司的向心力和凝聚力，所以这项工作必须严谨深入，一以贯之，具体可以分为下几个方面。

（1）要拒绝空洞，符合公司内外的实际情况。如果制度与实际情况

不相符，就会引起管理的失控，导致制度缺乏可操作性，不适用于具体的操作流程。

（2）借他人长处，补自己短板。很多HR在设置制度时，总是会找一些比较成功的案例，并在稍加修改过后拿来用。这样的做法其实并不合理，因为每个公司的发展方向和所处环境都不相同，盲目地模仿只是在做无用功而已。如果想让制度真正发挥作用，就必须在模仿的基础上取长补短，做到合理借鉴。

（3）切勿墨守成规，要积极创新。在当下这个不断变化的时代，公司要想吸引和留住更多人才，从而进一步提升自身竞争力，对制度进行创新是非常重要的一个环节。例如，随着餐饮行业的点餐系统发生了巨大变化，餐饮类公司的HR在设置制度时，就应该针对新的点餐系统增加一部分培训方面的内容。

（4）统筹兼顾，既要保证公平，又要追求效率。对公司来说，制度不仅仅是加强管理、维护既定方针的保障，更是促进公平、提高效率的利器。可以说，公平和效率都是公司不可忽视的部分，所以制度设置必须将这两个部分兼顾。

（5）谨慎对待，坚决避免“朝令夕改”。制度往往都十分严谨，如果将其视为儿戏，今天出台，明天推翻，只会让员工摸不着头脑，不知道应该怎样去遵守。因此，HR应该具有前瞻性、全局性，尽可能设置多个制度，然后从中选出最佳的一个，以保证其能经得起实践和时间的考验。

2. 处理重大异常

在工作过程中，如果员工之间出现重大异常，如打架、相互推卸责任等，那么 HR 需要立即采取措施。一个合格的 HR 应该这样妥善处理重大异常。

首先，不偏不倚，秉公办事，不能有私心；其次，深入调查重大异常产生的原因、过程，这样才能把握全局，抓住关键，有的放矢地进行处理；最后，不能套经验，而是要因时、因地、因人、因事而异，做到一事一断。因为每个重大异常都有鲜明的特点，不太可能一成不变。

当然，制度也是处理重大异常的一个有力武器，当出现问题时，把现行的制度放在员工面前，严格按照制度办事，员工也不会有不满情绪。

在震荡调整期，HR 要学会主动出击，设置科学、合理的制度，及时处理重大异常，争取成为维护公司内部团结的中坚力量。

4.4 上市准备期

上市是一个规范化管理的过程，在这个过程中，人力资源管理除了要实现发展这个目标，还要实现规范化和系统化。当公司有了一套规范、系统、完整的人力资源管理体系时，它就足以支撑公司跳跃式发展，也足以为公司的战略目标落地保驾护航。

4.4.1 角色：以高层决策为主

在上市准备期，HR工作中的服务工作占的比例逐渐下降，监督和引导工作占的比例逐渐上升，HR要定期做前瞻性的人力战略规划，经常引进能够引领公司发展的“高精尖人才”。

对于处在上市准备期的公司，业务已进入正轨，并且在未来三到五年内的战略规划已经非常清晰，发展也日趋稳定。在此阶段，虽然公司的利润相对稳定，但运营成本仍在不断增加，这时公司就需要通过精细化的管理、对流程的控制来创造利润。公司需要从人治阶段进入法治阶段，更多地通过公司的流程和规则进行管理。

研究资料显示，国内的很多公司其实正处于震荡调整期及成熟前期，并未发展到成熟期，因此，人力资源管理没有很多现成的经验值得借鉴。而有些公司虽然已经进入成熟期，却仍然在沿用过去的人力资源管理方法，因此，使得公司的员工失去激情，不是离职，就是变得不求上进。

对于处在上市准备期的公司，其稳定的业务模式往往会使员工缺乏激情或者个人职业规划。因此，在人力资源管理上，公司需要的是更完整的人才培养体系和更明确的职业生涯规划，需要一套适应组织发展运营的管理模式，更需要顺应公司发展阶段的文化建设，要让员工能够在公司里看到发展的希望，而不是只看到瓶颈。

这时候，员工更加关注的是他们未来的发展与公司发展的契合度，而不仅是按照公司的要求及职位说明书工作。

HR 需要从绩效管理的过程中发现员工的问题，并辅以培训，以提升员工的能力，促进员工的发展，最终达到公司发展的目的。

处于上市准备期的公司永远在主动挑战自己，它们引领市场、行业与未来，它们更具有前瞻性、更敏锐，永远都有危机感。就像管理学大师吉姆·柯林斯曾经说过："这样的公司 10 倍增速于竞争对手，它们具备三个关键特征：一是具有严明的纪律，即在规则下做事；二是具有建设性的焦虑，即既不会盲目乐观，但也不会无缘由地悲观；三是具有基于实证主义的创造性，即把握住创造是公司发展的源泉，但创新要基于数据分析，而非自我感觉。"

因此，处于上市准备期的公司的 HR 更应把握这几个关键点，发挥公司的优势——这时的公司大都在行业中具有较高的地位，具有很好的品牌效应，更容易吸纳人才。

要知道，这个时候，员工不仅是资源，还是资本，而资本运作产生的价值是巨大的。因此，HR 需要给员工提供更大的平台，甚至让他们成为公司的高层。

现在很多公司在谈网状组织结构，其意义就在于公司是搭台的，员工是在台上表演的，表演得好的员工可以与公司成为一体。很多公司甚至会选择让员工成为投资人，使其更全心全意地做事。

4.4.2 核心定位：人力资源合规性检查

随着国家法律法规的不断完善，国家加强了对员工权益的保护，这不但加大了公司的用工成本，也使劳资双方的关系颇为紧张。作为一家稳定运营的公司的 HR，对人力资源的合规性检查必不可少。

人力资源部门如何保护公司的合法权益，控制相关法律风险，使公司做到长效经营，成为很多大型公司的难点。其中，包括：如何正确使用《劳动法》《劳动合同法》等；如何处理员工利用公司管理的漏洞进行的恶意诉讼、集体诉讼等；如何避免因法律盲区与争议点而导致的纠纷等。

作为公司的职能管理部门，人力资源部门需要有前瞻性探索，运用丰富的社会资源，为公司构建双赢、和谐的劳资关系提供保障，建立合理的评估机制，确保科学地引入与管理劳动力，以降低违法风险。下面是具体做法。

（1）薪酬设计与绩效管理。HR 在设计绩效管理流程时，应增强目标管理意识和过程监控力度。在处理绩效差的员工的劳动关系时，对绩效考核过程中的流程追溯与证据收集工作要进行严格的把控。

（2）公司管理制度合规化。在此期间，人力资源部门需要诊断公司的现状是否合规，对公司的现状进行全面系统的梳理，整理出公司合规管理制度的优势和不足，为构建公司合规化的管理体系奠定基础。再基于合规管理现状的诊断结果，结合公司发展战略和管理理念，进行可行性研究，重修公司不合规的管理制度及规则，从组织、制度等方面保证合规管理体系的运行并持续提供协助与辅导，搭建完善的合规管理体系，使公司的制度既能够体现其管理风格，又能够有效地降低违规风险。

（3）公司管理行为合规化。HR 在员工从入职到离职期间，应当有风险防控意识与应对措施，其关键流程如图 4-1 所示。

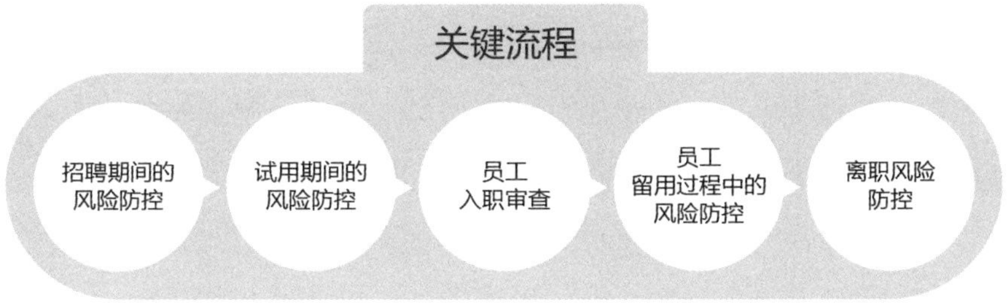

图 4-1　公司管理行为合规化

（4）公司变革过程合规化。包括公司产权变更、公司业务转型、公司管理方式变革等。

（5）全面提升人力资源合规风控意识。HR 依托咨询顾问的智力基础，运用教练技术工具，结合操作实例帮助公司管理者全面提升人力资源法律意识，使公司管理者看清现状、扫除盲点、熟识技巧、规避风险。

如果人力资源部门在以上做法中处理不当，发生了不必要的纠纷，那么应及时进行处理，降低损失，具体方法如下。

（1）劳动争议的应对处理：私下和解，和解无效时可以采取反诉手段。

（2）加强公司内部交流，增强凝聚力：制定有效的奖励机制，科学地激励员工，保持积极心态；打造强有力的公司文化，树立公司形象，强化合作意识，打造高效团队，支持公司未来的发展战略目标；加强专业培训，提升沟通技巧，构建良性沟通，传递公司的经营思路和绩效管理方法，统一员工认识。

提升公司管理者对人力资源法律风险的重视程度，便于开展合规化人力资源管理工作，这样就能够在管理中融入合规化风险控制，将有效地避免劳动关系双方发生不必要的纠纷，极大地降低管理成本及用工成本，有利于促进公司稳定、和谐地发展，增强公司的凝聚力。

4.4.3 工作重心：研究变革、维护重要关系

在走到上市这一步时，公司的实力肯定不容小觑，规模也不会太小，这时，如果 HR 还用纯手工的方式完成工作，那么工作的效率和质量肯定都会受到很大影响。因此，在上市准备期，HR 应该研究变革和维护重要关系，以便让自己的工作更加轻松。

1. 研究变革

以招聘为例，现在的招聘已经和之前有很大不同。现在，随着互联网行业的快速发展，招聘管理系统将走向基于云计算的 SaaS 模式。

例如，知名的世界 500 强公司 IBM 通过大数据分析，发现一个成功的销售人员最重要的特质并不是性格外向，而是对自我的鼓励和坚持不懈的努力。利用该分析结果，IBM 构建了最适合公司发展的模型，从而使招聘条件更加精确，提高了人才的招聘效率。

这样的大数据分析可以帮助 HR 快速判断什么样的人才适合什么样的薪酬及岗位，从而实现人才与资源的高效匹配。

作为一种全新的招聘技术，大数据分析可以将现有的招聘渠道进行整合，将简历收集和筛选、面试、录用、入职及培训统一管理，实现公司招聘的全信息化操作。这种方式可以高效地推进公司的招聘流程，提高 HR 与部门之间的协同能力，使公司的招聘管理系统更加规范化。

除了大数据分析，人工智能（Artificial Intelligence，AI）也有很大作用。国际知名快销品牌联合利华在其招聘流程中引进了 AI。有意向的求职者在线上提交简历后，需要利用 20 分钟的时间玩 12 项在线游戏。

这些游戏的设计都以神经科学为依据，并没有胜负之分。HR 根据最终的结果，对求职者进行岗位匹配分析。经过这一轮筛选后，求职者还会经历一场基于 AI 的视频面试，智能系统会自动对求职者的回答、语音语调、微表情等各种信息进行记录与判断。

随着技术在人力资源工作中的不断渗透，HR 可以不用再做大量的重复性工作，其工作效率得到了很大提升。对即将上市的公司来说，引进先进技术和智能化工具非常必要，这可以让 HR 更多地专注于战略优化、变革创新等方面的工作。

2. 维护重要关系

在处于上市准备期的公司中，资本和高端人才缺一不可。其中，资本方面的关系由管理者维护，而高端人才方面的关系则需要由 HR 维护。

伴随着教育和经济的发展，在未来的高端人才市场中，无论是供应还是需求，都在加速上升。近年来，人才市场的需求推动招聘的迅速发展，高端人才的竞争愈演愈烈，逐渐趋于白热化。

以各大招聘平台为例，一些主流的招聘平台，如前程无忧、智联招聘等，已经开始将注意力转移到高端人才上，并相继推出了无忧精英网、智联卓聘等子品牌。这些都表明，在未来的人才市场上，高端人才成为 HR 关注的焦点。

面对这样的前景，HR 需要顺势而为，不把目光局限于传统的模式上，而是要改变过去被动的心态，掌握更多主动权，为公司抓住合适的高端人才。

时代在变化，公司在发展，HR 应该积极研究变革，拥抱技术和智能化工具，不断优化自己的知识和能力。此外，HR 也应该为公司多引进一些高端人才，增强公司的竞争力，推动公司的上市进程和后期发展。

第 5 章

合规时代的用工管理

《劳动合同法》的颁布与实施意味着公司需要照顾各方利益，这会导致人力成本上升，暴露出合规与公司生存之间的矛盾。如果公司不重视合规，就不符合国家高质量发展的总体要求，最终会被大环境淘汰出局。因此，公司要想持续发展，就必须顺应合规大势。

5.1　用工管理全局观

随着“90 后”“00 后”进入职场，用工管理发生了变化。不过，无论用工管理如何变化，HR 在理解这个概念时都应该具备全局观。例如，HR 要掌握用工关系的辨识原则，知道区分雇佣、劳务、经营的方法，了解用工趋势与合规策略。

5.1.1　用工关系的辨识原则

在了解用工管理前，HR 必须准确掌握用工关系的知识。用工关系有三种：雇佣关系、劳务关系、业务合作关系。辨识这三种用工关系的核心是依附性，即独立的程度。从“连接—交易—对价”的完整劳动价值链来看，依附性分为人格依附性、劳动依附性、经济依附性。

（1）人格依附性：员工是否人身依附，是否接受管理，是否适用组织的规章制度。

（2）劳动依附性：员工的任务是否接受指派或工时约定，员工对工作内容是否有绝对权，工作是否接受监督与检查。

（3）经济依附性：员工的劳动收益是否按工时或劳动量定价，员工是否自备生产资料、生产工具，是否承担经济风险。

根据依附性的三种类别，HR可以更精准地辨识用工关系，如表5-1所示。

表5-1　用工关系的辨识原则

用工关系	人格依附性	劳动依附性	经济依附性	备注
雇佣关系	×人格依附：任职受雇，接受管理	×劳动依附：任务按照岗位和工作安排	×经济依附：报酬基于工时和劳动量定价	强依附
劳务关系	√人格独立：自由不受管理	×劳动依附：任务提前约定且往往是限时任务	×经济依附：报酬基于工时和劳动量定价	半独立
业务合作关系	√人格独立：自由不受管理	√劳动独立：不受指派，自主应征接单	√经济独立：自担经营风险，自负盈亏	强独立

（1）雇佣关系：依附性的三种类别都不独立。人格依附：员工在公司任职，受到公司的管理；劳动依附：员工的任务按照岗位和工作安排；经济依附：员工的报酬按照劳动定价，通常基于工时和劳动量计算。

（2）劳务关系：人格独立，而其他两种类别不独立。人格独立：员工没有任职受雇，不受公司的管理；劳动依附：员工的任务要提前约定，并且往往是限时任务；经济依附：员工的报酬按照劳动定价，通常基于工时和劳动量计算。

（3）业务合作关系：依附性的三种类别均独立。人格独立：员工没有任职受雇，不受公司的管理；劳动独立：员工的任务不受指派，自主应征接单；经济独立：员工的经济回报更多地来自经营收益，自己投入生产资料，自负盈亏，自主承担风险。

依托“依附性”这个核心，沿着“连接—交易—对价”的完整劳动价值链，通过对人格依附性、劳动依附性、经济依附性三者进行分析，HR 可以有效把握用工关系的实质。

5.1.2　雇佣、劳务、经营的区分

在用工管理中，雇佣、劳务、经营的区分非常重要，这关系到员工和公司的利益。那么，HR 应该如何做好这项工作呢？我们认为应该从以下几个方面入手。

1. 认定雇佣关系

《关于确立劳动关系有关事项的通知》将主体资格、从属管理、业务组成等作为认定劳动关系的核心要素。除了劳动关系特有的主体资格，其他就是一般雇佣关系的特征，即人格依附性、劳动依附性、经济依附性。

2. 区分雇佣与劳务

《国家税务总局关于印发〈征收个人所得税若干问题的规定〉的通知》将工资薪金所得与劳务报酬所得的区分聚焦于“两者的主要区别在于，前者存在雇佣与被雇佣的关系，后者则不存在这种关系”。对于是否任职受雇，HR 要牢牢抓住“人格依附性”这个核心。

3. 区分劳务与经营

根据《中华人民共和国个人所得税法实施条例》（以下简称《个税法》）第六条第（二）项的规定，“劳务报酬所得，是指个人从事劳务取得的所得，包括从事设计、装潢、安装、制图、化验、测试、医疗、法律、会计、咨询、讲学、翻译、审稿、书画、雕刻、影视、录音、录像、

演出、表演、广告、展览、技术服务、介绍服务、经纪服务、代办服务以及其他劳务取得的所得”。

根据《个税法》第六条第（五）项的规定，“经营所得，是指：1. 个体工商户从事生产、经营活动取得的所得，个人独资企业投资人、合伙企业的个人合伙人来源于境内注册的个人独资企业、合伙企业生产、经营的所得；2. 个人依法从事办学、医疗、咨询以及其他有偿服务活动取得的所得；3. 个人对企业、事业单位承包经营、承租经营以及转包、转租取得的所得；4. 个人从事其他生产、经营活动取得的所得”。

由于《个税法》对劳务报酬所得采取的是行业列举法，对经营所得采取的是主体识别法加上行业列举法，甚至行业场景还存在重叠的情况（例如，“医疗”“咨询”“服务”同时出现在劳务报酬所得和经营所得中），因此在实务中存在一定的易混性。

当新的行业场景不断涌现时，以前的条款可能有不适用的地方，这时 HR 就不能简单地抠文字，而是要从依附性与“连接—交易—对价”的完整劳动价值链入手区分劳务与经营。

劳务与经营虽然都具有“人格独立性”，但在“劳动独立性”和“经济独立性”上的差异还是非常明显的：人格独立而劳动和经济不完全独立的是劳务；人格、劳动和经济都独立的是经营。

例如，一个在线直播平台的主播并不任职受雇，也不需要打卡，具有人格独立性；工作不受指派，自主开播（不用接受限时任务及签订劳务报酬协议），具有劳动独立性；打赏收入与工时不挂钩，自主购买生产工具，自负盈亏，存在经营不确定性，具有经济独立性。由此可见，主播的人格、劳动、经济三者都具有极强的独立性，所以其直播行为被视为经营更合理。

5.1.3 用工趋势与合规策略

近年来，公司逐渐从单体管理走向多主体、跨地域管理，用工变得更离散化、灵活化，合规的重要性也不断显现。在这样的趋势下，低成本用工时代一去不复返，这就要求 HR 在人力资源管理方面不能只考虑工资，还要关注基于合规的人力成本精算。

在合规时代，公司的压力不容小觑，HR 的工作也越来越重要，但值得庆幸的是，我国正在持续推进减税降费政策。51 社保共享服务中心的资料显示，减税降费政策大大降低了公司的成本，是对冲红利最好的时机。

基于此，我们建议 HR 要着手规划顶层设计，灵活运用管理技巧，避免大起大落，让公司能够顺利完成转型升级。另外，公司的合规不存在方向问题，只是时间问题和策略问题。随着合规政策的不断出台，HR 们一定要放弃“不缴处罚，低缴默许”的想法，选择积极的方式应对合规时代。

首先，HR 应该重新认识员工的需求，进行多维思考。HR 必须重新思考跨地域社保管理问题。51 社保提供的数据显示，能清楚解释养老金计算办法的 HR 的占比不足 10%，能清楚解释医保报销政策的 HR 的占比不足 12%，能清楚解释个税政策的 HR 的占比不足 25%。因此，在员工的需求发生变化后，HR 对社保政策的认知也有待提升。

其次，HR 要积极拥抱技术。在技术迅猛发展的当下，HR 不能让自己停留在“跑腿办事”的原始时代，而要树立数字化生存的理念。51

社保作为以技术驱动的社保服务供应商，也在逐步完成从“线上化”到“自动化”再到“智能化”的转型。

最后，HR 要聚焦核心价值。我们认为，提升人效是 HR 的核心价值，只有真正地面向效率，员工的时间成本才会更高。如今，将非核心岗位外包已经成为主流，由专业的外包机构做专业的事也成为必然趋势，HR 应该牢牢抓住这个趋势。

5.2 用工模式分析

在同一家公司中，不同的岗位可能涉及的用工模式是不同的。换言之，同一家公司也可能存在多种不同的用工模式。目前，比较常见的用工模式有三种：标准用工模式、非标准用工模式、岗位外包模式。这三种用工模式各有特点，对公司产生的效果也有所区别。

5.2.1 标准用工模式

标准用工模式主要是指全日制用工，对应的是全职员工。如今，大多数公司都比较倾向于全日制用工，因为全日制用工需要公司与员工签订劳动合同，在这段劳动关系中，虽然双方都会受到限制与约束，但同样也可以得到劳动法律的保障。

1. 全日制用工的优势

（1）科学合理的劳动时间。根据相关法律法规的规定，全日制用工平均每日的工作时间为 8 小时，每周的工作时间为 40 小时。科学的时长会使员工在完成任务上事半功倍，绩效也会明显高于非全日制员工。

（2）员工稳定性强。对于全日制用工，法律要求公司与员工之间存在强捆绑的雇佣关系，一名员工通常只能与一家公司签订劳动合同，所以在该方式下，专注于一家公司的员工会更有安全感。

（3）工资支付周期长。尤其对处于创业期的公司来说，资金还不是非常雄厚，更适合使用月薪制，比如在每月的 10 日或 20 日支付工资。工资支付周期长可以很有效地缓解公司的资金压力。

（4）有利于培养公司核心人才。全日制用工条件下的员工对公司有一种向心力，对待公司的业务也会认真思考与钻研，并且有机会成为公司的核心人员，帮助公司加速完成战略目标。

（5）享受员工试用期带来的低用人成本。在全日制用工条件下，公司是可以和员工提出试用期的，而且在试用期内，员工的薪资只是正式员工的 80%，降低了用人成本。

2. 全日制用工的劣势

（1）用人成本相对较高。在全日制用工条件下，当公司解除或终止劳动合同时，是需要支付经济补偿的。当员工依据公司的法定过错提出被迫解除劳动合同时，公司也是一样需要支付经济补偿的。

（2）社保成本相对较高。在全日制用工条件下，公司必须为员工缴纳社保（在公司与员工建立劳动关系后，缴纳社保是公司和员工的法定义务）。社保是工资的附加成本，会增加公司的经营成本。

HR 的大部分工作都围绕着全日制用工进行，需要花费大量的时间与全职员工打交道。

为此，HR 首先应该制定清晰、简明的全职员工手册，让所有全职员工按照规定工作，使其作用充分发挥出来；其次，HR 必须建立人才库，随时在网上搜罗人才，避免在需要全职员工时手足无措；最后，HR 需要与全职员工签订劳动合同，将未来可能出现的劳动争议提前讲清楚，防止公司遭受不必要的损失。

5.2.2　非标准用工模式

与标准用工模式相比，非标准用工模式的范围比较广泛，包括非全日制用工、劳务用工、劳务派遣、外籍用工。

1. 非全日制用工

这种用工模式也属于劳动关系，所以社保还是要缴纳的，但是可以只缴纳工伤险。除此之外，它还有以下明确的特点。

（1）双方可以随时终止合同，不需要支付任何经济补偿。

（2）工作时间每天平均不超过 4 小时，每周不超过 24 小时。

（3）不得约定试用期。

（4）工资支付周期不能超过 15 天。

（5）小时计酬标准不得低于当地最低小时工资标准。

在非全日制用工方面，HR 需要注意的是，必须与员工书面约定工作时间。因为该用工模式最重要的特征就是工作时间，一旦工作时间没控制好，就会被认定为全日制用工。

2. 劳务用工

这种用工模式有两种情形：一种是双方之间的关系不明确，如实习生、已经享受养老保险的退休人员等；还有一种是双方之间的关系是劳务承包关系，例如，公司找到一个下岗员工承包绿化工作，要求他每天定时浇水、施肥等。

在劳务用工方面，HR 应该尽量找非劳动者，如实习生、已经享受养老保险的退休人员等，不能搞员工内部承包，而且要购买雇主责任险。

3. 劳务派遣

劳务派遣由于政策原因不仅成本很高，风险也比较大。在政策上，劳务派遣有几点相关规定：派遣岗位具有临时性（存续时间不超过 6 个月）、辅助性（非主营业务岗位，订立 2 年及以上劳动合同）、替代性（用工单位的劳动者因故无法工作，由其他劳动者替代工作的岗位）；派遣人数不得超过用工总量的 10%；在用工单位所在地为被派遣劳动者缴纳社保；劳务派遣单位在用工单位所在地设立分支机构的，由分支机构为被派遣劳动者缴纳社保；劳务派遣单位未在用工单位所在地设立分支机构的，由用工单位代劳务派遣单位为被派遣劳动者缴纳社保。此外，HR 还要注意以下几个要点。

（1）找有资质的劳务派遣机构。

（2）根据派遣名单签订劳动合同，避免与非用工人员被认定为劳动关系。

（3）尽量与劳务派遣机构约定“任意退回”的条件。

4. 外籍用工

随着全球化趋势的不断加强，很多公司的经营范围也不断扩大，这时就需要聘用外籍员工处理部分业务。外籍员工可以为公司带来好处，包括降低公司的用工成本、提高其他员工的外语水平、加快落实人才培养计划等。

不过，外籍员工在我国就业，要求也相对较多。首先，公司要承担法律风险，调查清楚自己是否有聘用外籍员工的资格；其次，公司要为外籍员工购买高端医疗保险，费用高昂；最后，在劳动合同管理上，外籍员工并不完全适用《劳动合同法》《劳动法》的相关规定，所以在发生利益纠纷时，HR 处理起来比较棘手。

5.2.3　岗位外包模式

在做咨询的过程中，我们发现很多公司都面临着一系列的用工难题。

（1）有的公司正在筹备上市，为降本增效想把一部分岗位外包。

（2）有的公司有短期用工需求，“五险一金”不得不频繁增减。

（3）有的公司在多个城市有分公司，各城市的政策不同，员工难管理。

其实，以上难题都可以通过岗位外包模式解决，这样既能降低用工成本，又能防范风险，可谓一举两得。接下来，我们就为大家介绍岗位外包模式。

其实，在很早之前，岗位外包模式就已得到众多公司的认可。互联网行业的岗位外包行为已经是众所周知的事。在很多社交平台和招聘平台上，我们也可以看到，腾讯的视觉设计、行政、开发等众多岗位都选择了外包的模式。阿里巴巴也在招聘启事上明确标出“外包岗”的字样，如图 5-1 所示。

图 5-1　招聘启事上的“外包岗”

除了互联网行业，政府部门、银行、新零售、物流等多个行业也已经进入外包时代。例如，政府部门会把官方微信外包给专业的媒体公司代运营。毫不夸张地说，如今，岗位外包模式已经是许多公司的不二选择。

岗位外包模式对公司来说有诸多好处。首先，管理更便捷。公司把业务或工作外包就无须为外包岗位设立专门的人力资源管理者。外包岗位由外包机构的相关项目对接团队负责，可以为公司节约管理成本，让 HR 真正做到“只管事，不管人”。

其次，降低公司的运营成本。公司可以根据自身的实际情况灵活地调整外包岗位的工资标准，同时可以依据业务需要随时增减员工。这样一来，公司就可以节省招聘费用、人力成本、退休遣散费用等。与正式的岗位相比，外包岗位的支出大大降低。

再次，灵活的用人机制可以分散用人风险。在市场经济下，许多公司的业务变化很快，随时存在增减业务的可能，常常面临员工不够用或裁员等问题。若公司采用岗位外包模式，将有效解决这个问题。因为该模式十分灵活，可以随时增减员工，大大降低和分散用人风险。

最后，规避劳动纠纷。公司一旦遇到劳动纠纷，轻则被罚款，重则关门大吉。由于在岗位外包模式下，公司和外包机构签订劳动合同，外包员工与公司之间不存在劳动关系，因此公司可以有效规避与外包员工的劳动纠纷。

那么，公司什么时候需要采取岗位外包模式？主要有以下几种情况。

（1）公司面临合规压力，需要将全部用工风险转移。

（2）岗位无法满足劳务派遣临时性、辅助性、替代性的要求。

（3）派遣员工数量超过用工总量的 10%。

（4）公司需要短期用工或季节性用工。

（5）公司将不擅长或耗时、费事的岗位外包。

（6）部分非核心业务的岗位外包。

总而言之，岗位外包就是公司的一颗“定心丸”，可以帮助公司解决用工方面的难题，有利于公司的长远发展。应此需求，目前市场上出现了一些非常专业的外包机构，公司可以与其合作，享受其提供的人力资源服务。

零售行业的某龙头公司将岗位外包给 51 社保，51 社保可以为其提供包含劳动合同管理、发薪报税等在内的专业、高效、订制化的人力资源服务（见图 5-2）。有了 51 社保，该公司可以省去留住人才的高额薪酬，便于在事业发展中增减员工，降低管理成本，分散用工风险。此外，该公司也可以集中精力研究核心技术，发展附加值高的业务。

为了更好地为广大公司服务，51 社保坚定不移地选择了直营模式，一直秉承着“直营服务更放心”的理念。此外，51 社保拥有极具影响力的政策研究团队，并且连续 9 年发布社保白皮书，可以帮助公司充分发挥外包岗位的价值和作用。

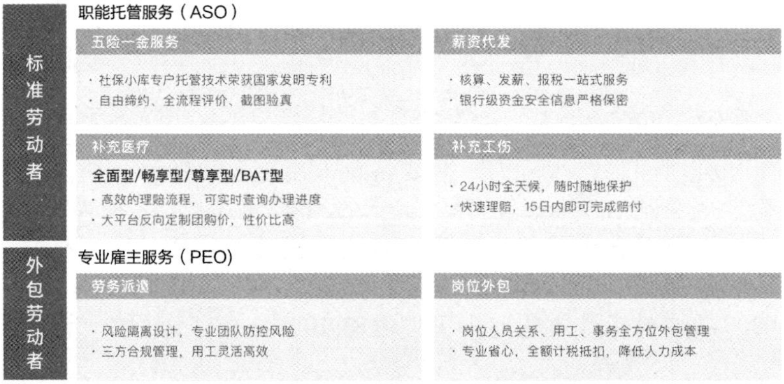

图 5-2　51 社保可以提供的服务

总之，岗位外包模式可以满足非核心岗位的弹性用工需求，为公司分担用工风险、节省用工成本。通过该模式，招聘周期和人才培养周期都可以缩短，HR 的工作也因此变得更轻松。不过，在选择外包机构时，公司一定要擦亮双眼，尽量与有保障、专业性比较强的外包机构合作，以便规避不必要的风险。

5.3　现代化用工：灵活用工

现在灵活用工火了起来，在人力资源管理领域受到了广泛的关注。灵活用工是不同于标准用工模式的其他用工模式的总和。在灵活用工迅猛发展的时代，HR 必须了解这个新的概念，并将其应用到自己的日常工作中。

5.3.1　灵活用工的发展现状

2020 年，突如其来的新型冠状病毒肺炎疫情让各公司受到了不同程度的影响。为此，新零售代表盒马鲜生宣布了这样一条消息：联合云海肴、青年餐厅等餐饮公司，共同解决现阶段餐饮行业待岗员工的收入问题，帮助餐饮公司降低人力成本。

餐饮公司的员工将在经历面试、培训、体检、确认劳务合同等环节后，入驻盒马鲜生的门店，参与打包、分拣、上架、烹饪、配送等工作。这种灵活用工属于形式上的灵活用工，对餐饮公司有以下两个方面的好处。

（1）在市场不景气时降低餐饮公司的人力成本，保障员工的收入，避免大批量裁员和员工流失等问题。

（2）在用工高峰期帮助餐饮公司解决“招工难、用工难”的问题，达到降本增效的目的，使其在保持正常运转的同时赢得消费者的良好口碑。

可见，新型冠状病毒肺炎疫情作为助推剂把灵活用工推到了台面上。在成功案例的指导下，除了形式上的灵活用工，越来越多的岗位开始使用关系上的灵活用工。例如，机关事业单位的编制派遣；客服、导购、文员等岗位的外包；IT 项目工程师的外包等。

不同的岗位虽然会有不同的痛点，但大致可以归为以下四点：编制预算严格、用工风险高、事务性工作烦琐、属地城市多等。灵活用工对公司来说，不仅可以缓解人力成本高带来的压力，避免烦琐的入离职流程，减少人才的浪费，也可以使人才的价值得到恰如其分的发挥。

政策的推动加上用工的便利性，使得公司借助灵活用工优化成本结构的变革势在必行。各公司纷纷调整自身的成本结构与用工模式，除了裁员，大部分公司或多或少地在使用灵活用工进行业务及员工的调整，以保证自身能经受住市场“漏斗”的考验。

灵活用工的好处毋庸置疑，但与此同时，HR 也必须认识到，灵活用工在我国还是一个比较模糊和混杂的术语，之所以这样说主要有以下两个原因。

（1）灵活用工目前仍然尚未成为一个规范的专业术语，同时又涉及《劳动法》《劳动合同法》等多重法律视角，需要从顶层的逻辑进行理解与识别。

灵活用工不同于标准用工，从理论上讲既包括劳务派遣、非全日制用工，也包括劳务承揽、业务外包、个体经营，甚至还包括数字经济、平台经济等新业态。因此，灵活用工的法律关系跨度特别大。

（2）受到技术进步、劳动变革等因素的影响。灵活用工的强势崛起与产业变革、社会分工细化、互联网深入应用等息息相关。当前，世界各国现有的劳动用工法律体系是基于工业革命后的制造业建立起来的。制造业的特点是人与生产资料、地域高度绑定，用工形态集中化、稳定化。但现在各国都面临着第三产业（服务业）在国民经济中占比越来越大的事实，服务业，尤其是基于互联网深度应用下的现代化服务业的用工形态更离散化、灵活化。

新经济、新业态不断涌现，老行业出现新场景，老文件面临新问题，甚至很多老文件都没有考虑到会出现现在这些新场景，进而造成了对灵活用工的理解混乱。

因此，对新时代的 HR 来说，厘清灵活用工的概念尤为必要。为了帮助 HR 解决这个问题，我们提出了“三法融合”的想法。也就是说，HR 可以将《劳动法》《社保法》《个税法》融合，从顶层的逻辑和更本源的法理入手，重新梳理并界定灵活用工。借助“三法融合”的想法，HR 可以充分了解灵活用工的内涵，使其发挥更大的作用。

5.3.2 灵活用工的分类与形式

根据我们的经验，真正的灵活用工可以分为 3 种类型，这 3 种类型又可以细化为 8 种形式，如表 5-2 所示。

（1）雇佣型灵活用工：雇佣关系的部分特征要素灵活化而形成的灵

活用工。例如，非全日制用工是劳动时间上的灵活；劳务派遣、岗位外包是雇佣形式上的灵活；实习、返聘是就业主体上的灵活。

（2）劳务型灵活用工：劳务关系本身就属于灵活用工，员工具有独立性，并非任职受雇，不接受公司的管理。例如，劳务承揽、劳务外包是服务形态上的灵活。

（3）经营型灵活用工：经营关系具有极强的独立性，属于灵活用工。例如，自主经营是自负盈亏的个人自雇者经营；个体经营是已经注册为市场主体的个体工商户经营；新业态就业是在数字经济、平台经济等新经济场景下涌现出的灵活经营形式。

表 5-2　灵活用工的类型与形式

类　型	形　式	备　注
雇佣型灵活用工	非全日制用工	劳动时间上的灵活
	劳务派遣	雇佣形式上的灵活
	实习、返聘	就业主体上的灵活
劳务型灵活用工	劳务承揽	人格独立、服务形态上的灵活
	劳务外包	人格独立、服务形态上的灵活
经营型灵活用工	自主经营	自负盈亏的个人自雇者经营
	个体经营	已经注册为市场主体的个体工商户经营
	新业态就业	在数字经济、平台经济等新经济场景下涌现出的依托于网络平台的各种灵活经营形式，主要包括网络零售、移动出行、线上教育培训、互联网医疗、在线娱乐等

在灵活用工中，最复杂、也容易混淆的是第 8 种形式，即新业态就业。国务院办公厅颁布的《关于支持多渠道灵活就业的意见》明确提出了加快推动新业态就业的 5 大行业（网络零售、移动出行、线上教育培训、互联网医疗、在线娱乐）的发展。HR 应该关注符合政策鼓励方向的新业态，这些新业态才是经营型灵活用工的发展趋势。

5.3.3　实务应用：如何执行灵活用工

灵活用工的本质是独立性，包括人格独立、劳动独立和经济独立。目前，市面上一些以税优税筹、逃避社保为目的的“另类灵活用工”或“伪灵活用工”不具备独立性，也不符合政策鼓励方向。它们在不完全具备灵活用工特征的场景下，试图强行转换关系，风险较大。

例如，工厂里的蓝领工人即使注册成为个体工商户，在形式上符合了经营所得的主体要件，但依然不符合经营型灵活用工的要求。这些蓝领工人在人格、劳动、经济三个方面都很难独立，具有极强的依附性。

很多时候，这种简单粗暴的灵活用工反而会给公司带来极大的风险和后患。因此，HR 绝对不能只关注形式或税负，更要关注商业模式、交易实质和用工本质。

标准用工与灵活用工都是用工模式的组成部分。标准用工虽然成本相对较高，但更稳定、更有保障，也有利于人力资源管理的长期专业化发展，对员工来说是更高质量的就业，对公司来说是更职业化的人才开发。

灵活用工虽然不像标准用工那么稳定，但是适应了新经济的发展趋势，可以实现更自由、更大范围的就业，对公司来说是对标准用工模式的补充。未来，HR 应该采用多元化的用工模式，既有标准用工，也有灵活用工，进而更好地满足公司的需要。

总之，对 HR 来说，科学理解用工本质，把握核心判断要素，精准洞察政策，融合公司经营逻辑，是执行灵活用工的前提。

第6章

合规时代的用工风险

在当下这个合规时代，HR 的工作要符合国家及相关部门颁发的法律法规的要求，否则很可能会出现用工风险，例如，与员工产生劳动争议、社保和住房公积金的缴纳出现问题等。对 HR 来说，合规是为了维持公司的发展，保障员工的合法权益。

因此，HR 应该关注并熟悉与人力资源工作相关的法律法规，仔细掌握其中的细节，从而实现公司用工模式的规范化、合法化。当然，HR 也坚决不能去触碰法律法规的红线，以免为公司和自己带来不必要的麻烦。

6.1 创业公司的用工风险

没有与员工签订劳动合同，导致公司被索赔两倍工资；没有给员工上保险，员工向法院提起诉讼；开除因试用期不合格而无法转正的员工，反而惹来劳动争议……这些事件的背后隐藏着创业公司必须重视的用工风险。

作为受到政府监督的组织，公司在经营上的方方面面都与法律法规息息相关。不过，因为法律服务的门槛和费用都比较高，所以创业公司往往很难获得合规方面的建议和帮助，久而久之，潜在的用工风险就成为影响公司发展的主要问题。

6.1.1 通过"三段论"看用工风险

"三段论"包括入职、在职、离职三个阶段，每个阶段都有不同的用工风险。入职阶段是用工风险萌芽期，HR 需要重点关注三个方面：劳动合同的签订时间、薪酬的金额与发放时间、社保的缴纳时间。如果 HR 从员工的入职阶段就没有做好合规工作，那么就会让公司蒙受损失。例如，没有为员工缴纳社保，公司需要补缴经济补偿金；没有提前与员工约定薪酬的数额，可能会产生拖欠工资或社保缴纳不足的风险。

在职阶段是用工风险成长期，HR 需要重点关注处于“三期”的女员工的需求，以及待岗工资支付、工伤停薪、医疗期管理、加班工资计算等特殊情况。以待岗工资支付为例，HR 需要先了解待岗的原因，通常有以下两种。

（1）公司单方通知全员待岗。此时，HR 可以通过微信群或邮件告知员工，最好有类似“收到”的反馈，并做好截图保存。在员工待岗期间，HR 应该按照劳动合同的约定支付工资；超过 30 天没有提供劳动的员工可以按照待岗工资标准支付工资（各地的待岗工资标准不同，通常为最低工资的 70%或 80%）。

（2）全员一致同意待岗。此时，HR 同样可以通过微信群或邮件告知员工，让大家都回复“同意”，并做好截图保存。在员工待岗期间，HR 可以按照双方的约定支付工资，但不得低于基本生活费，因为要保证员工的日常生活。

离职阶段是用工风险爆发期，HR 一定要谨慎应对。离职阶段的用工风险通常包括离职流程不合理、HR 操作不规范、应该支付的工资未支付等。接下来，我们为大家讲述一个案例。

张诚在 A 公司工作了 3 年，签订的劳动合同马上要到期。虽然他一再表示愿意按照原劳动合同的标准继续留在公司，但 HR 并不想这样做，希望他可以按时离职。殊不知，HR 的做法存在着一定的用工风险。

《劳动合同法》第四十六条第（五）项规定：“除用人单位维持或者

提高劳动合同约定条件续订劳动合同，劳动者不同意续订的情形外，依照本法第四十四条第一项规定终止固定期限劳动合同的，用人单位应当向劳动者支付经济补偿。”

也就是说，公司如果降低原劳动合同的约定条件，无论是员工自己不续签劳动合同，还是公司不与员工续签劳动合同，公司都必须向员工支付经济补偿；如果公司维持或者提高了原劳动合同的约定条件，而员工拒绝与其续签劳动合同，公司则无须支付经济补偿。

在上述案例中，如果 HR 以劳动合同到期为由要求张诚离职，则需要支付给他 3 个月的工资作为经济补偿。可见，在与员工中止劳动关系时，HR 要考虑所有情况，建立用工风险闭环，防止公司支付不必要的费用和巨额违约金。

6.1.2 劳动合同风险

签订劳动合同对公司和员工来说都非常重要，而作为执行者和制定者的 HR，更是要对此提起高度重视。在与员工签订劳动合同时，HR 需要注意几个关键点。

（1）坚决遵循平等自愿、协商一致的原则，拒绝“不平等条约”。

（2）审核员工与其他公司终止或解除劳动合同的证明。

（3）必须保证是员工自己亲自签订的。

（4）不得向员工收取定金、保证金或抵押金等。

（5）试用期要符合相关法律规定。

（6）违约金、赔偿金要符合相关法律规定。

此外，HR 也要了解劳动合同的详细内容，如期限、义务、权利、相关程序等，以便制定没有漏洞和用工风险的劳动合同。具体的劳动合同示例如下。

甲方（用人单位）：__________________________________

统一社会信用代码：__________________________________

法定代表人（主要负责人）或委托代理人：________________

注 册 地：__________________________________

经 营 地：__________________________________

联系电话：__________________________________

乙方（劳动者）：__________________________________

居民身份证号码：__________________________________

（或其他有效证件名称__________证件号：______________________）

户籍地址：__________________________________

经常居住地（通讯地址）：__________________________________

联系电话：__________________________________

根据《中华人民共和国劳动法》《中华人民共和国劳动合同法》等法律法规政策规定，甲乙双方遵循合法、公平、平等自愿、协商一致、诚实信用的原则订立本合同。

一、劳动合同期限

第一条 甲乙双方自用工之日起建立劳动关系，双方约定按下列第____种方式确定劳动合同期限：

1. 固定期限：自______年_____月_____日起至_____年_____月____日止，其中，试用期从用工之日起至______年_____月_____日止。

2. 无固定期限：自______年_____月_____日起至依法解除、终止劳动合同时止，其中，试用期从用工之日起至______年_____月_____日止。

3. 以完成一定工作任务为期限：自______年_____月_____日起至工作任务完成时止。甲方应当以书面形式通知乙方工作任务完成。

二、工作内容和工作地点

第二条 乙方工作岗位是__________________________，岗位职责为____。乙方的工作地点为_______________________________________。

乙方应爱岗敬业、诚实守信，保守甲方商业秘密，遵守甲方依法制定的劳动规章制度，认真履行岗位职责，按时保质完成工作任务。乙方违反劳动纪律，甲方可依据依法制定的劳动规章制度给予相应处理。

三、工作时间和休息休假

第三条 根据乙方工作岗位的特点，甲方安排乙方执行以下第_____种工时制度：

1. 标准工时工作制。每日工作时间不超过 8 小时，每周工作时间不超过 40 小时。由于生产经营需要，经依法协商后可以延长工作时间，一般每日不得超过 1 小时，特殊原因每日不得超过 3 小时，每月不得超过 36 小时。甲方不得强迫或者变相强迫乙方加班加点。

2. 依法实行以________为周期的综合计算工时工作制。综合计算周期内的总实际工作时间不应超过总法定标准工作时间。甲方应采取适当方式保障乙方的休息休假权利。

3. 依法实行不定时工作制。甲方应采取适当方式保障乙方的休息休假权利。

第四条 甲方安排乙方加班的，应依法安排补休或支付加班工资。

第五条 乙方依法享有法定节假日、带薪年休假、婚丧假、产假等假期。

四、劳动报酬

第六条 甲方采用以下第____种方式向乙方以货币形式支付工资，于每月___日前足额支付：

1. 月工资___________元。

2. 计件工资。计件单价为__________________________________，甲方应合理制定劳动定额，保证乙方在提供正常劳动情况下，获得合理的劳动报酬。

3. 基本工资和绩效工资相结合的工资分配办法，乙方月基本工资________元，绩效工资计发办法为_______________________________。

4. 双方约定的其他方式___________________________________。

> **第七条** 乙方在试用期期间的工资计发标准为________________
> __________或_________元。
>
> **第八条** 甲方应合理调整乙方的工资待遇。乙方从甲方获得的工资依法承担的个人所得税由甲方从其工资中代扣代缴。
>
> **五、社会保险和福利待遇**
>
> **第九条** 甲乙双方依法参加社会保险，甲方为乙方办理有关社会保险手续，并承担相应社会保险义务，乙方应当缴纳的社会保险费由甲方从乙方的工资中代扣代缴。
>
> **第十条** 甲方依法执行国家有关福利待遇的规定。
>
> **第十一条** 乙方因工负伤或患职业病的待遇按国家有关规定执行。乙方患病或非因工负伤的，有关待遇按国家有关规定和甲方依法制定的有关规章制度执行。
>
> **六、职业培训和劳动保护**
>
> **第十二条** 甲方应对乙方进行工作岗位所必需的培训。乙方应主动学习，积极参加甲方组织的培训，提高职业技能。

当然，上述劳动合同不是万能的，HR 在实际制定时还是要考虑公司和员工的情况，要做到实事求是，不能原封不动地照搬照抄。

在签订劳动合同方面，公司要将每一个步骤做到完整、详尽。其中，根据《劳动合同法》规定，劳动合同文本由用人单位和劳动者各执一份。这就是一个非常重要的细节，经常有公司因为未给员工一份合同，而可能会产生劳务纠纷的风险。

例如，在广州的一家公司中，一名员工向劳动仲裁部门提出了申请，其申请原因是该用人单位未在其工作一个月内签订劳动合同，并且在逾期签订劳动合同后，该公司没有将任何一份合同交由自己保管。因此，根据相关规定，劳动仲裁部门判决该公司向这名员工赔偿其工作期间的双倍工资，共计 46000 元。

所以，HR 在与员工签订劳动合同时，每一个步骤都要准备完善。尤其是目前，很多公司面临的首要问题就是用工问题。这些公司需要

"新鲜的血液"激活员工，防止员工在关键的时期跳槽。

无论何种情况，HR 的工作量都要随之增加，如招聘、办理入职、签订劳动合同、缴纳社保等。简而言之，因为员工入职合同签订步骤的不严谨，就让公司成为被告、付赔偿金的尴尬局面，应该是每一个 HR 都不愿意面对的。

6.1.3 保险风险

保险是公司发放给员工的其他形式的薪酬，这类薪酬可以帮助公司吸引员工、留存员工，提高员工对公司的依存度和归属感。与其他薪酬不同的是，保险一般不需要纳税，因而对员工和公司具有更大的价值。

随着社会经济的日益复杂化，员工需求也变得越来越多样，如果 HR 在为员工办理保险时不进行科学的考察，没有从员工个人的角度出发，无法切实满足员工的需求，那么所得到的效果势必会大打折扣，甚至会导致用工风险。

单一的保险项目无法体现公司的文化差异和满足员工的个性化需求，因此，公司在进行保险设计时应该从多个方面入手，实现保险项目的多样化。通常，根据国家是否要求强制执行，HR 可以将保险分为法定保险和补充保险。

法定保险是指根据国家制定的相关法律法规，公司必须为员工缴纳的保险，也就是通常所说的"五险一金"，具体包括养老保险、失业保险、医疗保险、工伤保险、生育保险及住房公积金。对于法定保险，一般需要公司和员工共同承担，具体可以根据各地出台的相关政策按比例缴纳，表 6-1 所示为北京市“五险一金”的缴费比例。

表 6-1　北京市“五险一金”的缴费比例

类别	单 位 缴 纳	个 人 缴 纳
养老	16%	8%
医疗（含生育）	9.8%	2%+3 元（大额）
工伤	根据行业类型确定，缴纳比例为 0.2%～1.9%	不缴纳
失业	0.5%	0.5%
公积金	5%～12%	5%～12%

补充保险则是各公司根据自己的实际情况，自行设计的保险项目。表 6-2 中列出了一些公司中比较常见的补充保险。

表 6-2　常见的公司补充福利一览表

序号	类　别		备注
1	补充保险	补充医疗保险	
2		综合意外伤害保险	
3		年金计划	
4		家庭保险	
5	住房计划	补充住房公积金	
6		购房无息贷款或贷款贴息	包括购房借款
7		住房补贴	
8		宿舍	

例如，某互联网企业为员工提供所有法定保险，包括基本养老保险、基本医疗保险、工伤保险、失业保险和生育保险。除了法定保险，该互联网企业还准备了团体商业补充医疗保险、意外伤害保险、重大疾病保险、定期人寿保险等补充保险，主要目的就是解除员工基本生活的后顾之忧。

此外，该互联网企业还一直致力于为员工提供更加合理、更加有吸引力的保险。基于此，该企业会帮助员工缴纳住房公积金，以便让员工可以对自己的住房进行购买、建造、翻建、大修等行为。

保险是实现公司福利多样化的关键所在，而现实中往往有很多HR忽略了这一部分，或为节约成本而故意避开，这样的做法非常容易导致用工风险。因此，为了公司的良好发展，HR必须为员工缴纳法定保险，如果有条件，还可以增加一部分补充保险。

6.1.4 劳动争议风险

劳动争议是指雇员与雇主因薪酬、工作时长、劳动条件、解雇等产生的争议。处理各项劳动争议是HR不可回避的工作，这项工作还具有一定的挑战性，即使公司制度完善，如果处理不当也会对公司造成很大影响。因此，HR必须了解妥善处理劳动争议的四个步骤，如图6-1所示。

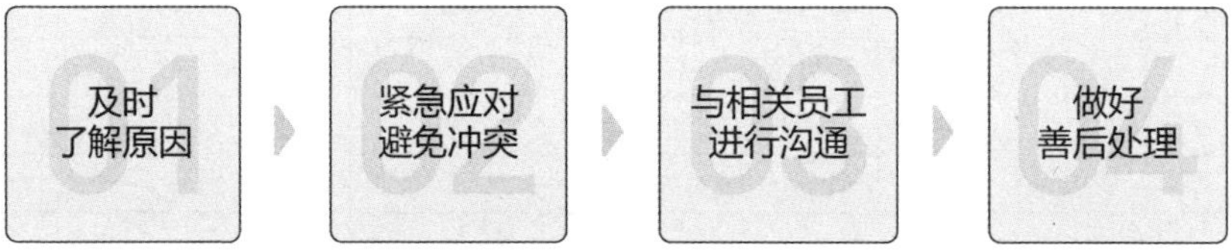

图6-1 妥善处理劳动争议的四个步骤

1. 第一个步骤：及时了解原因

产生劳动争议一定是有原因的，在发生了劳动争议后，HR应及时了解其中的原因，从而为后续处理提供良好的事实依据。因此，及时了解原因应该成为 HR 解决劳动争议的第一个步骤。一般来说，劳动争议产生的原因主要有 5 个方面。

（1）劳动者的合法权益受到损害却不能得到及时解决。

（2）公司片面追求利润，损害员工的利益。

（3）劳动者处于弱势地位。

（4）劳动关系双方的法律意识淡薄。

（5）劳动关系日趋多样化和复杂化。

劳动者的合法权益受到损害是引发劳动争议最直接的原因，这种损害主要涉及劳动者的薪酬和劳动条件。目前，很多公司缺乏合理的劳动力价格标准，往往是先确认所得利润，再把利润分摊到产品中，并以此计算员工的薪酬。

有些中小型公司为了追求更高的利润，往往会损害劳动者的合法权益，从而导致劳动争议的产生。例如，尽可能减少劳动力成本，驱动劳动者创造更多的剩余价值，甚至不惜减少劳动者正常的社会保障支出，恶意克扣员工的薪酬，这些情况引起的劳动争议不容忽视。

HR 在了解了产生劳动争议的几大原因之后，一旦发生劳动争议，就可以知道产生劳动争议的根源是待遇还是管理，或者是上下级的关系。HR 需要针对原因对症下药，才能在有限时间内快速解决劳动争议，帮助公司减少损失。

2. 第二个步骤：紧急应对，避免冲突

当公司发生劳动争议时，HR 在了解到有关原因之后，就需要采取一定的措施，进行紧急应对，避免公司和员工产生激烈的冲突。只有及时处理，并且处理得当，才会使劳动争议得到合理解决，维护员工和公司的利益。

张媛是天津某公司的 HR，她就曾经处理过一起比较大的劳动争议，不过后来因为处理比较及时，所以双方并没有产生直接冲突，事情得到妥善解决。

产生此次劳动争议的原因是市场部门的经理想要参加一个产品展览会，前一天就向总监口头请示过，但是总监明确表示不同意，结果这位经理因为工作已经安排好，第二天还是去参加了产品展览会。

总监知道以后非常生气，与这位经理进行了一次深入的交流，不过效果不是很好，而且这位经理平时为人处世的方法不是很好，总监就想趁机辞退他，于是要求张媛立即辞退这位经理，并且不给予任何赔偿。

张媛在了解有关情况后，发现这位经理经常违反公司规定，而且凭着自己技术过硬，总是对总监有一些不敬的言辞。相关调查显示，这位经理的加班费、合同等方面都是存在问题的。这位经理认为自己为公司做了很多贡献，而且自己去参加产品展览会并没有给公司带来损失，总监连这一点都不通融，还要辞退他，因此非常生气。

本来这位经理不想找公司赔偿，直接离开，现在因为负气要公司赔偿 5 万元的经济损失。经过张媛及律师的分析，这位经理有权要求公司赔偿，并且都是合法的。于是张媛向总监解释了这件事情，并说明如果

仲裁肯定会给公司其他员工带来不好的影响。最后，经过张媛在中间协调，赔偿金降低为 2.5 万元，双方避免了直接冲突。

当公司发生劳动争议时，HR 作为中间的协调者，有责任避免二者的矛盾进一步加大，因此应当采取紧急应对措施，使事情在私下处理，尽量避免公司和员工对簿公堂的情况出现，因为这会给公司的名声带来不好的影响。

3. 第三个步骤：与相关员工进行沟通

当出现劳动争议时，一般来说赔偿都是在所难免的，只不过是数额多少的问题。因此，对 HR 来说，最好的方式是和相关员工进行沟通，如果沟通不及时，导致处理结果不当，就会使事态更加严重，而这种事情会对公司造成非常恶劣的影响。

沟通之所以重要，是因为一旦沟通不成功，公司和员工就要进入劳动仲裁，而从劳动争议到申请劳动仲裁，需要花费较长的时间。长时间不解决劳动争议，对公司来说并不是什么好事情，而且一旦劳动仲裁也不能解决，就要走诉讼程序，这对公司是更大的打击。

因此，完善沟通机制、建立积极健康的劳动关系是预防和应对劳动争议的根本措施。而完善沟通机制也属于 HR 的重要工作。在沟通的过程中，HR 一定要融入情理，感化员工的暴躁情绪，让他们感受到你考虑到了他们的利益，并且讲明公司的难处，列举出事实，给出赔偿的依据，相信很多员工都是愿意通过沟通解决的。

4. 第四个步骤：做好善后处理

善后工作也是解决劳动争议的重要内容。HR 在和员工沟通之后，就需要按照沟通的内容进行处理，而善后工作中某个环节一旦出错，就很容易使之前谈好的结果发生变化，从而导致新纠纷的产生。

一般在谈到善后工作时，HR 想到的都是支付赔偿金的问题，当然这是其中一项非常重要的内容。除此之外，还有许多善后工作需要处理，例如，有哪些法律法规需要遵守、其中会有哪些风险、员工有什么不满意的地方等。

HR 对善后工作处理得比较好，对员工来说也是一个莫大的安慰。例如，搜狐在辞退某些员工时，会设立一个特别的会议室，然后在会议室里指导员工如何更科学地撰写和投递简历，并且搜狐还会给离职的员工一些推荐证明材料等，帮助他们申请新的职位，为他们下一步找工作奠定良好的基础；京东会为一部分离职员工发放“离职绿卡”，拿到此卡的离职员工可以凭借此卡随时回到公司入职。

这些人性化的善后工作能够使离职的员工有一个心理安慰，而对在职的员工来说，做好这些工作也是树立公司形象的重要途径。如果没有做好善后工作，甚至让在职的员工感到愤怒和不满，那么这个公司想要长久发展也是很难的。

6.2　合规用工：高效的五维平衡模型

要想规避用工风险，公司必须走向合规，HR 的工作也必须走向合规。其中，公司要想在合规的基础上将人力资源管理最大化，需要运用五维平衡模型优化 HR 的工作。五维平衡模型就是在自然界四维空间的基础上增加了一个人性化维度。

五维平衡模型充分体现了“大道至简”和“道法自然”的精神，打破了以往以一种政策适用各种情况的弊端，建立了一套多样化的人力资源管理模式，为解决错综复杂的问题提供了很好的分析工具和方法。

6.2.1　五维平衡模型的理论基础

五维平衡模型以法律关系、交易实质、收入对价、个税义务（个税）和社保义务（社保）为基础要素，这 5 个基础要素分别有不同的含义，如图 6-2 和图 6-3 所示。

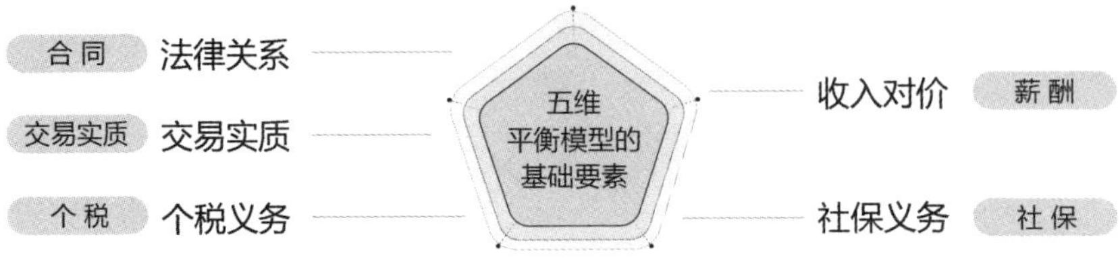

图 6-2　五维平衡模型的基础要素

（1）法律关系。法律关系包括劳动关系、劳务关系、合作关系、股权关系。

（2）交易实质。交易实质包括出勤、劳务、经营、股权。

（3）收入对价。收入对价可以分为四类：工资薪金、劳务报酬、经营所得、分红所得。

（4）个税义务（个税）。个税的缴纳可以分为三大类：综合所得、经营所得、资本及其他所得。

（5）社保义务（社保）。社保义务也称为法随义务（法定附随义务），主要体现在社保和残保金两个层面上，当然也可以将公积金考虑进去。

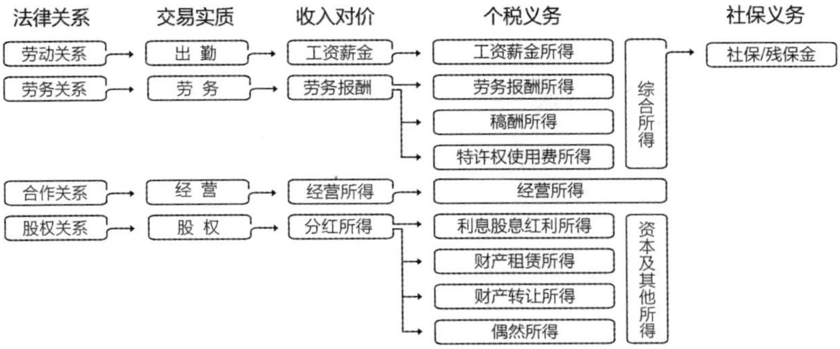

图 6-3　五维平衡模型的含义

在五维平衡模型中，法律关系、交易实质、收入对价、个税义务、社保义务是一体化的。鉴于劳动关系的复杂性，HR 要想让这 5 个基础要素达到平衡的状态，势必要承担社保、残保金、公积金等义务，这是因果关系。

五维平衡模型的关键在于“平衡”，指的是 HR 在用工设计方面要考虑到用工实质，把握好社保、残保金、公积金与劳动义务的关系。如今，在公司的各类管理中，人力资源的合规管理是最难进行的。因为人始终是一个不可控的因素，不同的人有不同的思想和欲望，同样的规定与政策不可能同时满足每个人的需求。所以，要想用好五维平衡模型，HR 应该结合自身的专业素养与员工的发展情况，尽可能去达成公司的战略目标。

在实施五维平衡模型时，HR 应该从以下 5 个方面入手。

（1）考虑不同层级的员工的差异性。一般来讲，公司会有高层、中层、基层三个层级的员工，HR 在面对不同层级的员工时，政策应该不同。

（2）在公司完整的业务流程中，员工是存在不同类别的，如技术类员工、营销类员工、综合管理类员工等。HR 在面对不同类别的员工时，政策也应该不同。

（3）HR 要考虑如何鼓励员工向上发展，也要支持员工在本岗位进行深入钻研。换句话说，分出等级也是对 HR 识别员工的能力的一大考验。例如，有些员工的业务能力很强，适合在技术中继续钻研，也就是横向发展。此时，HR 要鼓励这些员工脚踏实地地横向发展。

（4）在公司的不同发展阶段，HR 采用的人力资源管理策略是不同的。HR 要让人力资源管理策略因时而变、因势而变、与时俱进，建立与战略相匹配的用工管理重点。

（5）与其他资源相比，人力资源最大的不同就是人性化。HR 要注意的是，可以在政策的制定中体现人性化，但不能用人情解释政策。

接下来，我们以任职资格政策的制定为例对五维平衡模型进行解释。在制定任职资格政策时，HR 要针对不同层级、类别的员工分别建立任职资格标准，并在建立的标准中分出等级，以鼓励员工向上发展或横向发展。另外，公司在不同时期需要根据其战略对任职资格标准做出调整。同时，政策还要辅以培训等人性化手段牵引或帮助员工发展。

由此可见，五维平衡模型的建设需要 HR 拥有综合能力，这样才能维持公司在合规用工方面的平衡发展。

6.2.2 如何做到五维平衡

当 HR 与五维平衡相遇时，就会充分了解多角度思维的重要性。用工管理在很大程度上考验的是 HR 对员工的态度、智力等要素的察觉与分析能力。要制定合规的用工政策，HR 需要从分层、分类、分等、分阶段、人性化等方面了解员工的真实能力，再运用专业的知识进行分析，提高公司与员工之间对彼此的认知度，为打造高绩效的团队奠定坚实的用工管理基础。

因此，HR 要制定合规的用工管理制度，就要在人力资源管理方面做到五维平衡。

HR 首先要做到的是自我满意，其次是要让员工和老板满意。HR 要想达到自我满意的目标，最主要的就是锻炼自己在工作过程中的察觉与分析能力，深度了解员工的内在情绪与外在技术，将自己置身于一个合理的位置，运用专业技巧去解决问题。

例如，HR 在利用人性化去思考问题时，在听到员工对公司的某项晋升制度不满意后，可以用自己的职业素养与洞察力明确地了解该员工背后的真实意图，再制定合适的解决方案。在这个过程中，不会存在情绪与人情的干扰，因此 HR 的态度也会将公司的风气变得比较平和与正向，即使员工有不同意见，也是对事不对人。

五维平衡模型告诉 HR，当用多维度思维去发现和解决问题时，问题就会变得清晰，目标也会变得清晰。员工的态度都是正向的，都有一个积极的意图，会为自己做出最好的选择。

所以，HR 要想使公司的用工管理达到平衡，首先要拥有平和的心态，平和的心态的背后是观察、选择和责任。对 HR 来说，拥有平和的心态也就拥有了调控与管理员工的能力。在这样的基础上，HR 可以通过学习专业技术进行自我成长，将人力资源管理作为“撬动公司”的支点，从一个点到一个面，最后实现公司的战略目标。

第 7 章

新型公司文化体系：重新认识员工的需求

文化对一家公司来说非常重要，在一家具有优秀文化的公司里，员工的凝聚力会非常强大，各项工作的质量和效率也可以得到保障。但在建立公司文化的过程中，HR 需要解决各种各样的难题，这就需要 HR 拿出百分百的信心，去将其逐一解决。

如今，文化已经被越来越多的公司重视，这主要是因为，其核心功能变得比之前更显著。文化的核心功能包括导向功能、凝聚功能、激励功能、辐射功能。文化不仅仅存在于公司中，也可能通过员工向其家庭辐射，甚至还会通过产品和其他公司的行为影响整个社会。

文化需要进行有效的调整和规划，最终形成体系。在这个过程中，公司必须把消极的文化、不好的文化慢慢剔除，否则就会出现“劣币影响良币”的现象。总之，HR 需要进行正面、良性的引导，争取为公司留下更多的人才。

7.1 员工喜欢的新型公司文化

通常来讲，价值观在很大程度上代表了公司的文化，也体现了员工的工作方式和处事态度。

在社会发展日新月异的今天，员工喜欢的公司文化与之前有很大不同，例如，由希望得到适当管束转变为向往开放、信任。因此，在建立公司文化前，HR 应该了解员工的需求，给予员工舒适感，同时也要让员工感受到工作的激情与自由。

7.1.1 个性化

一天，一位总裁走进公司，员工这样问他：“这里没什么事情，您怎么来了？”总裁笑了一下说：“是啊，那要是一切都好，我就先走了。”结果说完以后总裁就真的转身扬长而去。管理教育领域的专家余世维曾经说：“兵随将转，天下无不可用之人。”HR 要深切知道员工的优势，并加以培训和提拔，为员工创造一个个性化、开放、自由的工作环境。

很多时候，HR 的任务不应该只是发掘人才、管理人才，更重要的是打造一种能让每个员工都可以成为人才的文化。如今，很多 HR 都有这样的通病：习惯于相信管理者，把重要的职责都分配给管理者，而且还干预员工的工作过程。

实际上，如果公司采用的是“妈妈式”文化，即管理者从头管到尾，从大管到小，员工没有一点儿自由空间，这样就会让工作都堆在管理者身上。同时，员工也会因为“妈妈式”文化变得越来越束手束脚，养成依赖、从众和封闭的习惯，从而失去积极性和创造性。尤其是销售、设计、研发等岗位，员工发挥其个性的余地比较大，更加不能管得太多。否则时间一长，这些岗位上的员工就会很容易因为缺乏活力和生机而无法稳定地向前发展。

当员工可以对自己的事业进行掌控时，会更有自信，也会畅所欲言并勇于担责。他们会让公司感到震惊，HR 的工作也会更轻松。不被过多约束的员工可以做出更好、更准确的判断，也可以提出个性化的创意，与 HR 坦诚相对，为公司做出更大的贡献。

虽然个性化的文化可以激发员工的工作热情，但 HR 也不能放任员工，什么都不管，而是要保证管理者总揽大局，保留管理者的知情权和控制权。当然，管理者也要弄清楚员工处于什么状态，应该享有多少权利，这样才可以产生正向的效果。

一般来说，比较合理的自由、开放的公司文化应该包括以下 5 种情况。

情况 1：管理者做决定，员工负责执行。

情况 2：管理者向员工推荐自己的决定，参考员工的意见。

情况 3：管理者提出粗略的规划，在与员工协商之后再做决定。

情况 4：管理者提出建议，员工做出决定并且执行。

情况 5：管理者给员工制定规则，员工做出决定。

目前，很多公司都倾向于情况 5。例如，在销售某一种产品时，管理者制定客户范围、在多长时间内销售多少产品、获取多少利润等规则，员工需要根据这些规则做出具体的决定和销售方案，HR 则按照这些规则对员工进行考核。

总之，给予员工一定的自由空间，不仅能够激发员工的积极性，还可以保证当市场上出现问题时员工会迅速做出反应。不过，HR 要做好监督和控制，同时还要与员工保持沟通，时刻掌握员工的工作情况，以防止权力的滥用。

7.1.2 透明化

字节跳动旗下的产品和业务快速扩张，在市场上占据了领先地位，字节跳动在短视频领域取得了让整个互联网商界都为之震惊的成绩，如图 7-1 所示。

字节跳动可以发展得如此迅速，主要得益于透明的文化。字节跳动运用 OKR（一套明确和跟踪目标及其完成情况的管理工具）记录员工的工作，并向所有人公开。如果员工想查看总裁的 OKR，也是可以的。

所以，在字节跳动内部，员工的工作内容与工作目标几乎都是公开、透明的，领导对其进行管理非常方便。因为每个员工的日程都是公开的，所以他们在偷懒时就有可能会被发现。目前对大多数公司而言，员工的工作内容或工作目标只有自己与领导才清楚，这就在同事之间竖起了一道隐形的屏障。

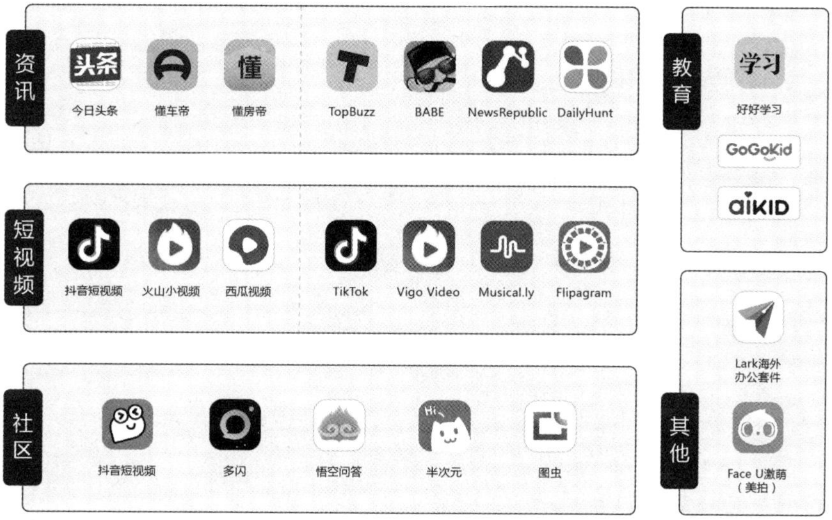

图 7-1　字节跳动的产品图鉴

张一鸣希望公司最核心的文化就是透明，透明对职场中的年轻人来说可能是一种期望与归属感。这和过去封闭的、官僚制的、以信息不对称管理群体的方式大相径庭。有关调查结果显示，目前高达 85%的年轻员工都希望自己的工作是透明的。

所以，HR 在打造公司文化时，要坚持透明的原则，充分激发员工的潜力，让员工体会到自身的价值。尽管有很多方法可以实现这一点，但打造透明的公司文化往往会更有效。不过，现在仍然有些 HR 对透明的公司文化犹豫不决，下文将进一步分析其好处。

1. 提高员工的参与度

工作的公开、透明是激励员工最有效的方法之一，可以增强员工的幸福感。当员工在工作中产生幸福感时，会更加高效与忠诚。并且，公开、透明的工作还能有效缓解员工的压力，创造更健康的氛围。这样的氛围可以让员工发表自己的意见，提高员工的参与度。

2. 确保方向和行动一致

透明化管理能够让员工更清楚公司的战略、发展目标、愿景等，帮助其理解自己在团队中扮演的角色。由这样的员工组成的团队会更积极、主动，其协作与决策能力也会更强。在 Google，管理者必做的一项活动就是在每周五的下午召开全员大会，介绍公司未来的发展方向，同时解答员工提出的任何问题。这样坦诚、公开的沟通是很多公司都做不到的，但正是因为如此，Google 的飞速前进才有了足够的动力。

3. 更快地解决问题

当员工与员工之间、部门与部门之间、下属与领导之间的关系都公开、透明时，可以节省很多沟通的时间，能更快地解决问题。如果员工处在一个开放的环境中，其在工作中的“恐惧感”与紧张感会减少，也能更自由地表达自己的观点，更高效地完成工作。

4. 有利于建立信任和尊重

如果 HR 可以把一些不涉及机密的信息公开，员工就会更信任与尊重公司，同时也可以积累更多的经验，这样可以让员工与公司更亲近。以奈飞的薪酬管理为例。很多公司都不会将薪酬信息与员工分享，而在奈飞，这部分信息是 HR 和员工沟通的重要内容，用于解释目前为什么会是这样的薪酬水平。

HR 应该学习奈飞的做法，向员工解释公司的薪酬依据。很多 HR

之所以隐瞒这部分信息，主要是因为公司的薪酬低于市场平均水平。此时，HR 会认为员工想让自己的薪酬高于市场平均水平，否则就会离职。另外，HR 还认为，员工一旦知道自己比同岗位的同事挣得少，就会有不好的情绪，进而影响工作的开展。

毫无疑问，薪酬是员工喜欢谈论的事，但这恰恰是让薪酬更透明的一个理由。信息开放可以让管理者了解员工的想法，也有助于 HR 向员工解释为什么其他员工的薪酬会如此支付。如果薪酬差异的背后有足以说服员工的依据，那么公司是可以获取员工的认可与信任的。

所谓“得人心者得天下”，当 HR 让公司的文化与工作变得更透明时，员工会在工作中更努力和专注。公司和员工就像水和鱼一样，二者相辅相成，公司要想发展好，离不开员工的支持。因此，对 HR 来说，建立透明的公司文化，让员工与公司保持良好的关系非常关键。

7.1.3　游戏化

游戏化的文化是新一代员工追求激情与自由的体现。HR 要想在工作中激励员工，就要设置游戏化的概念给予员工充分的动力。很多公司喜欢对员工事事都过问，其实这没有必要，因为员工在处理一些工作时更了解实际情况，应该可以自己做决定。

当然，即使员工做出了一些不好的决定，也没有关系，因为他们会主动从错误中寻找教训，从而变得更聪明。所以，适当放权的游戏化管理对公司来说是关键。无论是 HR，还是管理者，都不可能控制员工的一切，应该充分信任员工，协助与激励员工去寻找正确的答案。

在这个过程中，HR 和管理者不能以自己为中心，要让员工在游戏化的氛围中自主寻找乐趣。如果公司和员工能够建立良好的信任关系，那么就能够形成一个有效的授权和责任机制，这会增强员工的工作动力及使命感，从而使公司的业绩得到稳步上升。

反之，那些在公司工作不快乐的员工，往往是使公司分崩离析的主要原因。现在网上经常出现一种言论，那就是"'70 后'不知道什么是辞职，'80 后'赚钱少就辞职，'90 后'公司不好就辞职，'00 后'心情不好就辞职"。

这样的现象已经越来越普遍，年轻的员工到底应该如何管理已经成为众多 HR 研究的新课题。其中，重要的一点就是用游戏化管理激励员工。很多公司的员工平均年龄不到 30 岁，所以公司也需要有年轻、大胆、活泼、敢为人先的文化。

HR 到底如何打造游戏化的文化呢？下面以"微博勋章"为例来说明。使用过微博的人都知道，当我们在微博中完成了某一项任务时，微博就会给我们发一枚勋章。有时，这样的任务可能只是原创多少条微博、签到多少天、评论多少次等平常的动作。但正是因为有了"微博勋章"，有些人就会为了点亮勋章而有意地去完成任务，从而提升了微博的使用率。

将此概念运用到文化建设中也是同样的道理。HR 可以设立勋章墙，当员工实现某个目标或完成某项任务时，就给予其相应数量的勋章。如果员工可以获得越来越多的勋章，那么就会产生很大的满足感与成就感，也会在工作时拥有更多的乐趣。例如，某公司的 HR 就设立了"琅琊榜"，以表扬优秀员工，激励后进员工。"琅琊榜"的内容如图 7-2 所示。

图 7-2　某公司的“琅琊榜”

此外，HR 还必须清楚文化与战略之间的关系，因为战略的制定首先要看方向，而方向从短期看是目标，从长期看就是文化。在公司文化建立后，战略才能最终确定，所有业务和工作才可以走上正轨。

7.2 新型公司文化分解

文化可以在很大程度上体现公司的追求，为了让员工也有同样的追求，HR 有必要将文化分解开来。首先，无论公司是何种规模，HR 都要以效率为指导；其次，在如此激烈的竞争环境中，HR 要创新公司的文化体系，加强公司的竞争力；最后，HR 要拓展边界、开放协作，为公司创造更好的未来。

7.2.1 效率

HR 在分解文化时，首先要考虑的就是提高公司的效率，这样有利于充分发挥各岗位、各部门的作用。随着社会分工的不断细化，效率已经成为工作的首要要求。为此，HR 应该确保员工在完美的协作和配合中高效地完成自己的任务，这样才能练就一支有战斗力的团队。效率通常会决定结果，决定团队是否存在竞争力。

效率是团队管理的组成部分，也是 HR 在打造文化时应该追求的目标，更是判断公司成败的标准。HR 要让员工学会合理利用时间，做任何事都用分钟计算，这样才能提高效率。当员工的效率提高时，就会引起一系列的质变，如公司的利润也随之增多等。

某公司的企业文化分解如下。

（1）今天的事绝对不可以推到明天再做。

（2）上班时间只做与工作有关的事，不能分心。

（3）按照必要的流程做事，不能因为失职而总是犯同样的错误。

（4）持续学习，不断自我完善，以结果为导向把事做好。

（5）根据轻重缓急正确安排自己的工作，先集中精力做最重要的事。

（6）遵守但不拘泥于流程，懂得化繁为简，用较少的投入完成较多的工作。

很多知名公司都有自己独具特色的文化，但中小型公司往往容易忽视这个方面，经常将领导的意识作为文化。这种做法过于依赖领导的想法，很容易因为个人因素产生不好的文化导向，进而影响员工的效率。

如果领导是一个崇尚个人英雄主义的人，不注重培养员工的团队意识和协作能力，那么公司的整体效率就会很低。这虽然只是文化建设出现问题的一种情况，但并不是个例，在很多公司都或多或少地存在着。此类文化会严重影响公司的效率和发展。

针对上述情况，HR 和领导要及时自查自省，重新审视公司的文化，坚持“去其糟粕，取其精华”。此外，如果有必要，HR 还可以寻求外部助力，如请专业机构对公司的文化进行梳理，提炼独特的文化基因，在公司和员工之间建立和谐的关系。

7.2.2 创新

如今，很多 HR 都花费大量的时间和精力思考如何创新，甚至颠覆现有的人力资源管理模式，以便充分激发员工的积极性。但遗憾的是，他们很少思考如何对文化进行创新，导致自己的工作很难开展，在很长时间内没有起色。

对 HR 来说，文化的重要性再怎样强调也不为过。例如，奈飞借助文化打造极具创新能力与内容生产能力的团队，推动了自身的发展。在很早之前，奈飞就发现传统的文化体系已经无法适应不断变化的时代。因此，奈飞主动对文化体系进行创新，并不断推动全新的文化体系的构建与落地。

与奈飞一样，某公司也在文化上积极创新，设置了虚拟委员会，如图 7-3 所示。这样的创新激励了员工，促使其效率大幅度提升，从而更快地实现公司的预设目标。

此外，沃尔玛也对文化进行创新，设置了独具特色的激励机制，这对其他公司来说很有借鉴意义。之前，为了提升员工的积极性，沃尔玛想出了各种各样的计划和方法进行文化创新，其中最有效的一条就是激励机制。

那么，沃尔玛的激励机制是怎样的呢？我们从以下 3 个方面进行说明，如图 7-4 所示。

图 7-3　某公司的虚拟委员会

图 7-4　沃尔玛的激励机制

1. 独特的精神激励

在山姆·沃尔顿（沃尔玛创始人）看来，每一位员工都希望获得认可并受到称赞。所以，在沃尔玛的激励机制中，精神激励占据了一个关键的位置。沃尔玛专门创办了一本员工杂志——《沃尔玛世界》，该杂志的主要内容一共有三项，分别是对优秀员工的称赞、利润分成的增长、退休员工的分红。

通过阅读《沃尔玛世界》，员工可以回顾历史，感受到优秀员工的魅力。例如，该杂志的一期特刊中记载了这样一个故事：某位刚刚进入沃尔玛的员工因为受到了山姆·沃尔顿的称赞，工作起来特别有动力，在服务客户时也表现出了十足的耐心和亲切。可以说，无论是对员工自己还是对沃尔玛来说，这都是非常有益的。

另外，为了更好地激励员工，沃尔玛总部及各商店的橱窗中都张贴着优秀员工的照片。与此同时，各商店还会安排一些已经退休的老员工站在门口迎接客户，经常会有客户请求与这些老员工合影留念。此举不仅提升了商店的安全性，还让老员工得到了珍贵的精神慰藉。

2. 具有吸引力的奖金和福利

奖金和福利是激励机制中不可缺少的部分，但相比之下，用哪种形式、应该如何搭配则显得更重要。在沃尔玛，奖金和福利的形式是多种多样的，搭配得也比较合理，具体如下。

（1）固定奖金。为了避免员工的担心和紧张，沃尔玛采用了固定奖金的形式，即按时、按量发放年终奖金。

（2）按照盈利发放奖金。在沃尔玛，有一部分奖金是要根据当年的盈利情况决定的。当然，员工的绩效表现、岗位等级也被纳入考虑之列。

（3）依据目标的达成情况发放奖金。如果目标顺利达成，沃尔玛就会为该部门发放奖金，然后再细分到每一位员工身上。如果目标没有顺利达成，那么沃尔玛就会适当缩减该部门的奖金，甚至不会发放奖金。

（4）保险。除了法定保险，沃尔玛还为员工提供额外保险，如劳工保险、汽车保险、员工意外保险、团体保险等。

（5）补助。为了解决员工的后顾之忧，促使他们努力工作，沃尔玛将补助纳入激励机制，主要包括子女教育补助、重大疾病补助、生日礼物、购物折扣、紧急贷款等。

（6）休闲活动。沃尔玛的休闲活动主要包括团建、俱乐部游玩、国内外旅游等。

（7）进修。为了提升员工的能力和技术，沃尔玛特意准备了两种进修方式，一种是在职进修，另一种是岗内培训。

3. 完善的晋升体系

沃尔玛设计了一套比较完善的晋升体系，主要包括以下 3 个方面。

（1）科学的晋升渠道。 在职业生涯中，员工最关心的就是能否在一家公司中获得发展。为了满足员工的这一需求，沃尔玛制定了科学的晋升渠道。当然，这也让员工对自己的职业规划有了更明确的方向。

（2）客观的晋升标准。为了保证晋升的公平性与合理性，沃尔玛制定了客观的晋升标准。究竟哪位员工可以晋升并不取决于管理者的主观判断，而是取决于业绩表现、努力程度、工作态度等因素。

（3）晋升与培训相结合。沃尔玛要求员工必须先完成培训，等到通过测验并合格后才可以晋升，这样的做法让员工的整体素质得到了很大提升。

激励机制的创新体现了沃尔玛在文化塑造方面的能力。这不仅可以充分提升员工的能力和素质，还为沃尔玛创造了一次又一次的销售高峰。

7.2.3 拓展边界、开放协作

在科技与经济的发展都十分迅速的今天，市场上的产品种类十分丰富，消费者也有了很大的选择空间。在这种环境下，公司要想生存，就必须形成自己的竞争优势。在产品和技术越来越同质化的情况下，公司的竞争优势主要体现在拓展文化边界上。

文化建设是HR必须做的工作，也是公司的竞争法宝。HR要想从现代化管理中脱颖而出，就必须从实际情况出发，将文化与产品进行边界拓展，打造一个开放、协作的环境，为公司的发展提供动力和保障。

随着我国与他国在经济、文化等不同领域的深入交流，员工接触到的信息逐渐变得丰富，其思维模式也有了全新的变化，同时也为公司的经营理念、产品开发、战略部署等提供了更深层次的意见与想法。开放协作已然成为新时代发展的主旋律。

以云锡集团为例，它从一家发不出工资的公司崛起到成为“世界锡业之王”，利用的就是拓展边界、开放协作的管理格局。近年来，为了提高产品的国际市场占有率，提升自身的国际合作能力，云锡集团积极实施拓展边界的战略，先后在澳大利亚、印度等国家设立了分支机构，取得了不小的成就。这足以看出云锡集团通过开放协作、借鉴先进公司的优势和长处，弥补了自身的劣势与短板，提高了自身应对风险的能力和市场竞争力。

拓展边界、开放协作是经济发展的趋势，对此，公司需要坚持以下3个面向。

（1）面向时代。公司要紧跟时代的发展步伐，顺势而为。HR 也要根据时代的发展特点与公司的实际情况，为公司制定开放协作的发展路径。

（2）面向世界。全球化的步伐已经加快，公司要立足于自身的实际情况，将要拓展的产品准确定位，确立协作目标。

（3）面向未来。公司不仅要立足当下，更要面向未来，进行超前的思考和谋划，预测市场的发展趋势，找准突破点，精准地抢占先机。

由此可见，拓展边界、开放协作的实现对公司的发展有举足轻重的作用。

第 8 章

组织发展与管理

组织发展体现在两个方面：内部发展和外部发展。内部发展主要是对公司战略和员工行为进行优化，从而增强整体效率的一个过程，在这个过程中，公司可以采取建设共享服务中心，将职能外包给专业机构的方法；外部发展主要是提高公司解决问题的能力和应对外部环境变化的能力。

与组织发展相对应的还有现代化组织管理，公司将组织管理做好，可以促进自身发展、改变管理者的思维和态度，最终实现组织的转换与变革。

8.1 组织发展概述

近几年，随着组织发展变得越来越重要，OD（负责组织发展的岗位）正变得愈发火爆。究其原因，应该与经济的发展周期、市场的不确定性等因素息息相关。当公司遇到业务难开展、发展遇到瓶颈、规模扩大后管理失控等问题时，OD就会思考如何在组织上寻求突破，找到发力点，以启动新的增长引擎。

HR经常在私底下讨论组织发展究竟是什么、OD应该做哪些工作、OD需要具备什么样的角色和能力、组织诊断和诊断模型是怎样的、人才盘点与组织赋能有何关系。然而，很多HR在讨论过这些问题后似乎还是没有找到明确的答案。

8.1.1 组织发展的定义与理论

组织发展是为保障组织健康发展、推动组织达成目标而采取的一系列干预手段。由此可见，组织发展并不是职能，而是干预手段。在这种情况下，HR不妨抛开组织发展的定义，去聚焦组织发展的理论与实施。

与组织发展相关的理论主要有 10 种，如表 8-1 所示。

表 8-1 与组织发展相关的理论

理　论	提　出　者
需求层次理论	马斯洛
期望理论	弗鲁姆
工作满意度	哈克曼和奥尔德姆
强化理论	斯金纳
变革的焦点是团队	库尔特・卢因
通过团队变革价值	阿吉里斯
工作集体和基本假设集体潜意识	拜昂
参与式管理	利克特
差异—融合理论	劳伦斯和洛尔施
组织就像一个家庭	莱文森

把其中任何一个理论单拎出来，都无法独立代表或涵盖整个组织发展，但是这些理论可以对 HR 的思考和实践产生深刻影响。以期望理论为例，员工会将自己的行为与成功的可能性联系在一起，并为此努力工作。也就是说，当员工认为自己的行为能够获得相应的奖励时，他们的效率就会有很大提升，这对 HR 如何制定奖励制度有非常重要的意义。

在实施组织发展时，HR 需要从以下几个方面着手。

核心：为客户创造更多的价值。

助力：战略与文化。

支柱：岗位与人才。

其中，公司存在的目的是为客户创造更多的价值 ，这里的客户是一个广义概念，包括股东、上下游公司、员工等利益相关者；战略与文化可以帮助公司尽快实现“价值创造”，对公司有比较直接的影响；岗位与人才相互作用，是保障公司生态系统运营的重要动力。

目前，公司对组织发展相关岗位的需求越来越强烈，很多HR都希望抓住机会，尽快实现转型升级。但是在此之前，HR必须了解组织发展的岗位价值有多大、这种价值应该如何衡量、会受哪些因素影响，以及未来是不是将有所提升。

实际上，这些问题还没有准确的答案，HR面临的挑战还是比较严峻的。首先，组织发展覆盖了多个层面，但是并没有清晰的边界，与之相关的部门也少之又少；其次，管理者缺乏对组织发展的认知，使得HR在这方面没有知情权和执行权。

上述挑战对组织发展的岗位价值造成了严重影响，越来越多的中小型公司开始设立该岗位。在这样的趋势下，组织发展会迎来高潮，其重要性将得到进一步提升。因此，HR必须从“战略理解”“系统性思考”“项目管理”“快速学习”等多个方面提升自己的能力。

此外，HR还应该去真正贴近和理解业务，毕竟“纸上谈兵”很难对公司和员工产生促进影响，也无法体现出自己的价值。为了丰富知识和积累经验，HR需要阅读与组织发展相关的材料和书籍，如人才发展报告、组织能力调研报告等。相关材料和书籍的来源非常广泛，包括HR交流群、百度文库、360doc个人图书馆、咨询机构、专业论坛活动等。

8.1.2 OD晋升的四个阶段

最新一项研究表明，越来越多的HR正在承担OD的职责。从HR转型到OD的人不在少数，这也对现有的OD提出了更有力、更刚需的要求，即主动深入业务部门，获取更多的数据和行为表现，提炼关键信息并汇总成体系，以充分体现自己的专业度。这也意味着 OD 的晋升已经从运营层面跃升到战略层面。

一般来说，OD 的晋升要经历四个阶段，如表 8-2 所示。

表 8-2　OD 晋升的四个阶段

	岗位职责	任职资格
OD 专员	（1）负责培训和绩效考核管理的协调。 （2）策划、组织、主持各类员工活动。 （3）规范组织架构与岗位体系，监督制度的执行。 （4）参与人力预算，协调各部门完成人力预算。 （5）负责人力费用分析，为管理层的决策提供依据。 （6）参与专案项目	（1）本科及以上学历。 （2）4～7 年工作经验，最好有培训和组织管理经验。 （3）工作认真，思路清晰。 （4）精通 Excel 和 PPT，以熟练操作 SAP 系统为佳
OD 主管	（1）参与诊断、设计和优化组织变革，负责人力流程梳理。 （2）建立并管理岗位体系及职级体系，负责人才评估。 （3）参与高级人才管理体系建设，负责干部和核心岗位员工的选拔、任免、考核等日常管理。 （4）建立人才选拔方案与人才储备机制，完善人才梯队建设和规范化运作。 （5）参与其他与组织发展相关的项目。 （6）负责组织发展类项目的拓展。 （7）制定、执行、监督涉及组织架构的分授权等其他新增发展项目	（1）人力资源管理、工商管理等相关专业本科及以上学历。 （2）具备逻辑分析、系统设计、组织运行等能力。 （3）具备组织管理、流程管理、标准化管理等知识和能力。 （4）5 年以上工作经验，了解组织设计、流程管理、标准化管理。 （5）具备逻辑分析能力、沟通能力、分析判断能力、思考能力
OD 经理	（1）制定短期及中长期组织战略和发展规划。 （2）负责组织诊断、设计和优化组织架构等工作，积极推动实施组织发展与变革管理。 （3）制定组织发展与培训的制度与政策，积极落实到集团及各子公司。	（1）人力资源管理、工商管理、心理学、管理学等相关专业本科及以上学历。 （2）有在知名咨询公司或大型 IT 企业工作的经历。 （3）对组织发展与管理模式有系统了解和实践经验，对人才与组织发展各职能模块均有较深入认识，能够指导各职能模块的工作。

续表

	岗位职责	任职资格
OD经理	（4）建立领导力素质模型与岗位能力素质模型，完善专项人才培养体系及应用体系，为招聘、培训和绩效管理工作提供专业依据。 （5）负责职业发展体系和专业技术人员职业发展体系的设计与管理。 （6）负责人才盘点，确保人才的绩效与潜力的差异化，重点培养未来的领导，加强培养核心人才，确保人才充实。 （7）负责建立中高层储备干部管理机制，包括选拔方案和人才储备机制，实现人才梯队建设和规范化运作	（4）具备人力资源管理理念和理论基础，有能力打破思维定式，勇于探索适合公司发展的新管理模式，在组织架构的设计和改进方面有良好的判断力。 （5）积极主动，具备独立解决问题的能力，可以承受压力并适应较快的工作节奏。 （6）沟通能力强，逻辑思维清晰，善于学习、思考，对组织的变化敏感。 （7）具备出色的跨部门协调能力、战略规划能力、人际沟通能力、学习能力、分析问题与解决问题的能力
OD总监	（1）全面统筹短期及中长期组织战略和发展规划。 （2）负责组织架构设计、组织诊断等工作并推动实施。 （3）建立组织架构，积极推动、实施组织发展与变革管理，包括但不限于组织架构设计、职能和岗位编制、沟通计划、战略和目标落实、人才发展等工作。 （4）负责董事监事队伍建设，建立领导力素质模型与关键角色能力素质模型，完善专项人才培养体系及应用体系，为招聘、培训和绩效管理工作提供专业依据。 （5）负责人才盘点工作，提名行业公司/直属公司董事会成员，审议行业公司/直属公司财务主管提名，培养核心人才，确保人才充实。 （6）主导及推动文化建设，有效开展及组织文化价值提炼和文化落地工作，维持品牌形象与雇主品牌。 （7）研究标杆组织，探索新型组织模式。 （8）为HR提供组织与人才发展方面的解决方案	（1）本科及以上学历（985/211硕士学历优先）。 （2）有咨询背景及丰富的OD、培训、人才盘点项目经验优先。 （3）有5年以上一线咨询公司组织变革与架构设计经验。 （4）熟悉互联网、金融行业的发展，熟练掌握OD、人才盘点的工具，并有成功实施案例的经验。 （5）积极主动地推动项目发展，坚持以结果为导向。 （6）具备良好的团队合作能力、跨部门协调能力、快速学习能力。 （7）思路清晰，具备数据分析能力

可见，OD 的晋升是一个深入浅出的过程。无论是对待内部客户还是外部客户，OD 都要综合运用自己的能力，向上承接战略，向下引导绩效，使人力资源管理行为得到统一，为员工和组织的发展创造一个成长机制。此外，在应对不同的公司时，OD 要有合适的方案和工具，以便处理共性与个性问题。

8.1.3　组织诊断和诊断模型

组织诊断是管理者、研究人员或咨询顾问运用一些概念化的模型和实用的研究方法，评估组织的健康状况，挖掘现有或潜在的问题，从而提出解决方案，最终提高整体绩效的过程。很多世界 500 强公司都会专门设置组织发展这个岗位。在很多 HR 看来，该岗位往往自带一种神秘感。其实，组织发展的核心是每个 HR 都可以接触和实施的。

组织发展的内容比较丰富，包括 HR 经常会做的变革管理、团队发展、绩效管理、接班人计划等。如果我们进一步聚焦到组织诊断这个话题上，就会发现其实 HR 和医生没有太大的差别，需要给公司把脉，判断公司到底健不健康，以及是不是有问题，并及时给出药方。

HR 要想做好组织诊断，最重要的就是掌握韦斯伯德的六个盒子模型。六个盒子分别代表六个维度，可以帮助 HR 构建系统的思维去分析公司的现状。

第一个维度包括使命、愿景、价值观，重点在于解决员工应该到哪里去及怎么去的问题。HR 要看公司有没有统一的使命、愿景、价值观，如果没有，那么对员工的发展是不利的。

第二个维度聚焦在组织和架构上，即排兵布阵与作战部署。对的岗位、对的能力与高效的组织是贯穿其中的三项内容。在对的岗位方面，HR 要明晰架构、岗位与公司的战略是否一致；在对的能力方面，HR 要分析自己是否招对了员工，以及多长时间对组织和人才进行一次盘点；在高效的组织方面，HR 要让每位员工都参与到公司的发展中。

第三个维度是关系和流程，即建立规则、管理冲突与协作机制。有规则和没有规则对员工的影响完全不同。即使只是一个关于考勤的规则，其合理与否都会让员工有不同的感受。在这个维度中，HR 要特别注意与员工的工作和体验相关的规则。

第四个维度是激励和报酬，即明确的方向与合理的支出。只要谈起激励和报酬，很多 HR 就深有感触，觉得组织的高效必须从这两个方面入手。其实，HR 应该明确方向和坚持合理的支出。员工的付出与回报是否对等？激励的规则是否清晰？激励的政策能否持续？激励系统有随着战略的调整而调整吗？这些问题都是 HR 要好好思考的。

第五个维度是支持和工具，即创新机制。有些 HR 不知道应该怎样为公司打造一个创新的环境。我们推荐大家阅读《创新者的任务》和《设计思维》，这两本书有助于大家对创新产生不同的理解。之后大家再回到业务和流程中，就可以做一些比较有趣的设计。

第六个维度是领导和管理，即做对的事、用对的方法做事。HR 应该改变管理层的认知，通过上述六个维度制定适合公司和员工的组织诊断方案。

除了韦斯伯德的六个盒子模型，还有 4 个常见的诊断模型，如表 8-3 所示。

表 8-3 比较常见的 4 个诊断模型

诊断模型	主要内容
麦肯锡 7S 模型	定义了 7 个组织要素：战略（建立、保持、加强公司竞争优势的整体规划）；结构（公司的组织形式与员工的分工管理）；制度（业务流程与员工工作方式）；价值观（朝着相同的目标努力）；风格（管理者的管理方式）；员工（员工及其综合实力）；技能（工作所需要的技能和能力）
开放系统模型	将组织视为一个开放的系统，可以帮助 HR 选择诊断的主题，完善对诊断有效性进行评估的标准。此外，HR 还可以收集资料，准备反馈，并且决定采取什么行动来解决疑难问题和提高组织有效性
加尔布雷斯的星型模型	加尔布雷斯认为组织有 5 个要素：战略（愿景、长期目标与短期目标、成功的关键、竞争优势分别是什么）；员工（需要具备什么能力的员工、如何激发员工的创造力）；结构（工作如何划分、有多少管理层级）；流程（需要与哪些员工沟通和协调、需要使用哪些系统来沟通和协调）；回报（员工的薪酬是否合理、需要奖励哪些行为和结果、使用何种手段奖励）
大卫·尤里奇的诊断模型	大卫·尤里奇将诊断模型分为 4 个支柱，这 4 个支柱的落地需要人力资源工作的支撑。4 个支柱分别是：胜任力支柱（确保组织具备执行公司战略所需要的知识和技能）；绩效支柱（对达成或未达成的目标进行跟进的组织流程）；治理支柱（确保建立有效的强结构和沟通渠道以引导员工的行为）；变革能力支柱（确保组织中存在适应和改变的流程）

诊断模型确定了组织诊断的内容，但不同的公司有不同的需求，HR 需要根据实际情况进行选择。对 HR 来说，组织诊断既是一项有意义的工作，也是实现现代化管理的必经之路，有利于创造良好的工作环境，打造不可抗拒的有吸引力的团队。

8.1.4 人才盘点和组织赋能

埃森哲卓越绩效研究院执行院长罗伯特·托马斯说：“如果一家公司的人才被高度整合，并与战略相匹配，与运营过程相辅相成，那么这家公司将具备非凡的组织能力，获得持久的竞争优势。”实际上，这里的人才被高度整合指的就是人才盘点。

通过 8.1.3 节的内容我们可以知道，人才盘点通常是 OD 的工作。那么，OD 为什么要做这项工作呢？一个最重要的原因就是人才盘点可以为组织赋能，如支撑新业务的开拓、提升人才需求与人才供给的匹配度、明确人才的发展路径等。

人才盘点虽然有优势，但并不适合所有公司。一般来说，处于以下 4 个阶段的公司需要或适合进行人才盘点。

（1）快速发展阶段：公司发展迅猛，出现人才断档，人才供应不足。

（2）转型变革阶段：公司进入新市场，缺乏创新型人才。

（3）关键岗位调整阶段：公司需要了解团队现状，发现关键人才。

（4）上市筹备阶段：公司需要建立流程化的人才管理体系，对高潜质的人才进行培养。

OD 要先判断公司所处的阶段，然后决定是否进行人才盘点。如果人才盘点的需求迫在眉睫，那么 OD 就要从内容和流程两个方面入手做这项工作。

1. 人才盘点的内容

从微观的角度看，人才盘点一般可以包括员工的自身条件和工作成果，如技能水平、知识水平、经验水平、绩效水平、工作态度等。从宏观的角度看，人才盘点还可以包括组织结构与人才匹配情况、关键岗位的胜任和继任情况、关键人才的晋升和发展情况、关键人才的激励和开发情况、关键人才的招聘情况等。

2. 人才盘点的流程

人才盘点主要包括以下 4 个步骤。

（1）建立人才标准。在建立人才标准时，OD 可以从图 8-1 中的 6 个要素入手。

图 8-1 建立人才标准的 6 个要素

（2）召开人才盘点会议。关于召开人才盘点会议，OD 的工作有很多，包括主持开场，宣讲人才盘点的规则、流程、周期，明确各部门和各岗位的职责，了解关键信息，平衡和解决分歧，校准人才盘点的结果，与员工进行沟通，形成总结报告，制定人才管理（包括选、用、育、留）的具体决策，设计人才发展规划。

（3）进行组织盘点。组织盘点应该从组织战略、组织架构、组织氛围、人员编制等方面入手。例如，某公司的 OD 通过调查问卷的形式了解组织氛围，分析员工的敬业度。该 OD 制定的调查问卷如图 8-2 所示。

Q12问卷

您好！非常感谢您能抽出时间回答下面的问题。您的意见是公司管理改进的重要依据。本次采用无记名调研，您的意见我们将严格保密，感谢您的配合!

序号	题目	您的意见（请在最合适意见的 □ ” 内打“√”）5~0分				
Q1	我知道对我的工作期望和要求；	□ 不知道	□ 非常清楚	□ 比较清楚	□ 部分清楚	□ 很模糊
Q2	我有做好我的工作所需要的材料和设备；	□ 没有	□ 非常充足	□ 较充足	□ 一般	□ 较少有
Q3	在工作中，我每天都有机会做我最擅长的事；	□ 没有	□ 总是有	□ 经常有	□ 有时有	□ 较少有
Q4	在过去的七天里，我因工作出色而受到表杨；	□ 没有	□ 总是有	□ 经常有	□ 有时有	□ 较少有
Q5	我的领导和同事关心我的个人情况；	□ 没有	□ 总是有	□ 经常有	□ 有时有	□ 较少有
Q6	工作单位有人鼓励我的发展；	□ 没有	□ 很多	□ 较多	□ 一般	□ 较少
Q7	在工作中，我觉得我的意见受到重视；	□ 被轻视	□ 非常重视	□ 较重视	□ 一般	□ 不重视
Q8	公司的目标、使命使我觉得我的工作很重要；	□ 没有感觉	□ 非常重要	□ 较重要	□ 一般	□ 不重要
Q9	我的同事们致力于高质量的工作；	□ 没有要求	□ 严格要求	□ 较高要求	□ 一般	□ 较低要求
Q10	我在工作单位有一个最要好的朋友；		□ 有	□ 没有	□ 不确定	
Q11	在过去的六个月内，工作单位有人跟我谈及我的进步；	□ 没有	□ 很多	□ 较多	□ 一般	□ 较少
Q12	在过去一年里，我在工作中有机会学习和成长；	□ 没有	□ 总是有	□ 经常有	□ 有时有	□ 较少有

员工敬业度

组织气氛

图 8-2 OD 制定的调查问卷

（4）对人才盘点的结果进行应用。人才盘点的结果可以应用于四个方面。第一，培训发展，包括谁应该得到培训、培训什么内容、培训的方向是什么等；第二，梯队建设，包括谁更胜任当前的岗位、谁应该调岗等；第三，团队激励，包括谁值得激励、用什么方式激励等；第四，挖掘关键人才，包括谁更有潜力、谁值得重点培养等。

如今，招聘成本不断提高，公司除了要计算业务账，还要计算人才账。此外，与外部的人才相比，内部的人才无论在忠诚度还是在文化融合度上都更有优势。因此，越来越多的公司都将人才管理从外部转向内部，这就要求 OD 尽快掌握人才盘点的方法。

8.1.5 组织发展顾问：角色和能力

在公司中，组织发展顾问是特殊的存在，他们有多种多样的角色和能力，需要完成一些非常复杂的工作。从这个角度来看，组织发展顾问应该是 HR 的进阶版本。

在公司发展的不同阶段，组织发展顾问会扮演不同的角色，如表 8-4 所示。

表 8-4 组织发展顾问的角色

组织发展顾问的角色	负责的具体工作
专业咨询师	在合作期间，负责项目的启动工作，同时还要协商并与客户维持一种协作式咨询和组织变革关系
诊断专家	进行组织诊断，鉴别并了解员工、团队、组织及更大社会系统的行为动态，时刻掌握公司的发展情况
数据研究员	对数据进行收集和分析，将数据应用到业务流程中
干预者	培养参与式管理的相关能力，掌握采用参与式管理的方法，充分激发参与式合作，提升员工的积极性和自觉性
教育者	通过传授的原则、概念、理论及观点，帮助员工获得洞见并提升学习能力，从而组织和构建思想并制定未来发展战略
培训师	提升员工的技能，使其能够从容应对各种问题、机遇及关注点
引导者	处理与权力、权威、领导、冲突、多元化和阻力有关的小型和大型群体动力，同时确保员工始终参与并保持在正轨上
教练	为员工提供建议，鼓励并支持员工采取组织有效性所需要的行为及态度

面临着如此多的角色，组织发展顾问是如何将其整合在自己身上的呢？在组织发展领域中，有一个十分重要的概念——“运用自我”。简单来说，这个概念是组织发展顾问使用的基础工具，即适当地综合运用心理、思想、身体及精神的力量来帮助员工。

“运用自我”不仅仅是一项技术，更是根植于组织发展顾问身上的一种成熟意识。在这种成熟意识的助力下，组织发展顾问能够模糊角色之间的界限和区分，将不同的角色整合到一起，使其融为一体。可以说，“运用自我”是值得组织发展顾问修炼一生的能力。

当然，除了“运用自我”，组织发展顾问还应该修炼其他的能力，具体如下。

（1）结合内外部的业务数据做商业分析的能力。

（2）制定战略、做组织设计的能力。

（3）做人才配置、兼并整合部门的能力。

（4）快速学习的能力。

（5）洞察商业、了解商业模式的能力。

（6）设置职能部门、帮助员工出谋划策的能力。

（7）梳理岗位、为组织增加价值的能力。

（8）促进部门、员工之间沟通和交流的能力。

（9）协调各部门、各团队的能力。

（10）领导组织变革、建设评估系统的能力。

（11）觉察并处理团队重大决定与事故的能力。

组织发展顾问这个岗位的工作不容易做好，需要从业人员具备全面的知识和丰富的经验。每一家公司在发展过程中都可能会遇到组织变革，这时，组织发展顾问就要发挥自己的各项能力，以促进组织变革的顺利实施。总而言之，只要组织发展顾问肯下功夫，扮演好自己的角色，就可以找到平衡点，提升自己在公司中的竞争力和影响力。

8.2　现代化组织管理

组织发展对公司的重要性已经不言而喻，因此，公司要不断优化组织管理，掌握现代化组织管理的特点，包括向扁平化发展、职能接触面增加等。

8.2.1　向扁平化发展

组织管理如何做到扁平化？HR 可以采取两种途径：一是对组织进行重新设计，改变组织结构，即从组织本身实现扁平化；二是在不改变组织结构的前提下改变工作结构，即从工作角度实现扁平化。这两种途径各有千秋。

1. 从组织本身实现扁平化

能从组织本身实现扁平化的 HR 除了具备对组织设计的深刻认知和文化支撑，还需要有坚实的业务管理基础和技术支撑，这不是所有 HR 都可以做到的。虽然很多 HR 都在谈组织扁平化、组织共生等新概念，这些确实是组织发展的趋势，但真正能做到的 HR 却很少。

如今，层级型组织依然是大多数公司的选择，利益的博弈也是其中不可忽视的重要因素，毕竟层级型组织对公司的利益是有保障的。

2．从工作角度实现扁平化

HR 经常发现，自己的想法通过各部门的层层传达会出现偏差，甚至并不被其所理解。中间环节失效让 HR 的一些想法难以实现，这也是为什么要去掉中间环节的原因之一。如果一个组织从上到下是无障碍沟通的，那么无论其有多少层级都是不影响效率的。

什么是工作扁平化？就是打破组织的层级与界限。以前，组织管理的一个原则是不能越级指挥。现在，在大多数公司不能实现组织扁平化的情况下，HR 如果想既提高组织的工作效率，又不违背组织管理的原则，那么最好的做法就是以工作为导向，建立工作领导者文化。

HR 也许不能改变组织模式，但可以改变组织的工作模式，建立工作领导者文化是最好的方式，如果能融入项目管理机制则更有效。HR 可以通过工作授权解除组织权限，让更多员工拥有工作管理权。

HR 需要注意，在实现扁平化的同时，还要关注扁平化给公司带来的弊端。

第一，组织过度扁平化。组织扁平化是很多 HR 进行人力资源管理的一个“流行趋势”，其在提高效率、人尽其用上的优势是深得老板和管理层喜爱的。然而，不太懂管理的老板和管理层往往把组织扁平化理解为去中间环节，导致管理更低效。

组织扁平化的本质是去中心化、去中间环节，实现目标的快速下沉与一线信息的快速传递。但组织扁平化有个度：每 8 个员工需要有一个管理者。也就是说，每 8 个员工应当有一个管理者对其进行管理，这样就形成了“1+8”的管理层级。因此，公司的组织扁平化应当量体裁衣，根据管理者的能力、管理信息化工具的使用情况等进行设计。

第二，老板过度干预业务。老板的定位是公司的管理者，但有的老板为了掌握大权一定要介入各种业务，这是不正确的做法。管理是风险和效率的平衡，老板如果下定决心要选择职业经理人，那么就应该创造让职业经理人发挥价值的条件。

8.2.2　职能接触面增加

在现代化组织管理中，职能接触面增加是一个不能忽视的趋势。为了顺应这个趋势，HR 应该做好以下几项工作。

1. 明确各部门的职责范围

分工协作是很多公司需要的，各部门的职能划分也是必须完成的。HR 要明确各部门所属的职能范围，分清楚哪些是需要不同部门协作完成的工作，从而更有针对性地解决问题。

2. 有效整合各部门的目标

由于各部门的职能划分使其目标在整体上出现不一致性，因此，HR 应该整合各部门的目标，确保在整体利益最大化的前提下合理调整各部门的目标，保证目标符合公司的发展方向。这样可以加强部门之间的协作，有利于沟通的顺利进行。

3. 改变绩效管理模式

HR 要把在部门之间经常出现的一些协作性问题纳入绩效考核，构建完善的绩效考核体系。这样有利于加强各部门之间的沟通，进一步改善协作性问题。

4. 提倡沟通文化，建立沟通机制

员工沟通意识的缺乏源自公司对沟通文化的重视性不高，即 HR 没有在公司内部形成有效的沟通机制和倡导沟通的文化。从公司的老板开始以身作则，可以有效引导员工加强对沟通的重视，形成可以促进沟通的氛围。

HR 还可以通过建立“用户”意识提高沟通效率。也就是说，HR 要将每个需要进行协作的部门都当成“用户”，对其进行制度约束。HR 要让沟通成为员工的习惯，使其真正融入公司文化。

5. 提高沟通技能

沟通技能的提高包括有效倾听及保持沟通的准确性。在各部门之间的沟通中，几乎所有部门都更重视自己的要求，而不考虑其他部门的需求。如果双方或至少一方多一些倾听，可以适时复述、提问及确认关键信息，并予以适当反馈，那么沟通的有效性会大大提高。

6. 提高沟通意识

员工往往在遇到问题时更愿意自己解决，而不是靠部门之间的协作，这主要是因为沟通意识的缺乏。各部门除了在开会中进行沟通，还要时刻保持联系，主动了解其他部门的工作进度、情况。这样对部门之间形成良性沟通、提升沟通效率有重要作用。

7. 定期轮换岗位

HR 可以通过定期轮换岗位加强员工对不同部门的职责的认识，从而有利于沟通中的换位思考，提高沟通效率。IBM 等公司近几年都有类似的实践，HR 可以先在公司中进行小范围尝试，然后再大面积推广。

提高沟通效率是为了促进部门之间的协作，是整个公司能正常运营、有效运营的关键，对提高公司的运作效率有着非常重要的作用。HR 要重视沟通效率问题，致力于沟通效率的提升，帮助公司改善整体绩效。

8.2.3　组织“BP 化”成为大势所趋

现在，业务伙伴（Business Partner，简称“BP”）已经成为潮流，整个组织俨然出现“BP 化”的趋势。综合地看，组织“BP 化”的出现及发展可能有两个原因。

（1）解决授权问题。市场变幻莫测，公司希望让一线员工发挥最大价值，但又不敢为其无限授权。其实，所有老板都有一个不便透露的决策原则：宁愿公司发展得慢，也不愿意让管理“失控”。这时，BP 就充当授权的一个平衡点，代表公司的利益，以特派员的身份管理业务，让权力运作形成一个“隐形边界”，解决让老板焦虑的问题。

（2）解决激励问题。很多公司的激励政策是僵化的，是专门为“打工人”设计的。当公司积极向一线员工授权，要求其以“经营体”的方式工作时，就必须基于“经营体”的特征释放对其的激励。此时，员工之间的横向差距可能拉大，公司对人力成本的控制也不再严格参照静态的预算线，而是大家一起“做蛋糕、分蛋糕”。BP 可以在激励政策的框架内设计若干本地化政策，按照业务推进的步骤进行强有力的激励。

组织“BP化”不仅在于公司更重视BP或聘请了更多BP，还在于公司对BP这个角色有了新的定义和认识。要谈BP，我们首先要理解“三支柱”（COE、SSC、BP），其设计理念是专家中心（COE）负责做政策，共享服务中心（SSC）负责走流程，业务伙伴（BP）负责做执行。换言之，COE在推动BP，即COE的结构决定了BP的运作空间。

BP一般负责两项工作：一是预算管理，即按照公司的政策（效能逻辑）和预算口径编制业务部门的财务预算和人力预算；二是流程管理，即按照预算额度运行标准流程确保财务和人力资源的配置符合标准，如图8-3所示。

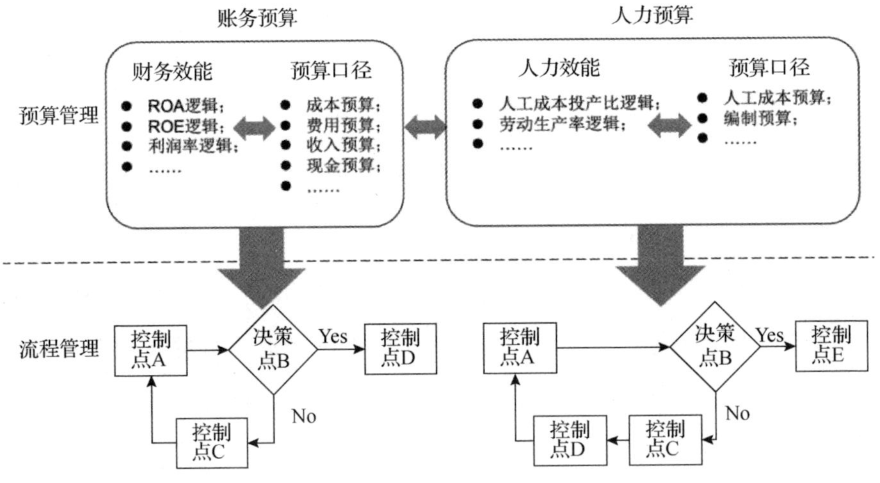

图8-3 BP负责的两项工作

要成为合格的BP，靠的是人情练达，即“刷脸能力”，同时还要处理选、用、育、留等具体事务。现阶段，BP的战略地位变得更重要，有些BP甚至具备COE的部分职能。这既为BP的事业提供了新的空间，也挑战了 BP 能力的上限。

随着时代的发展，中后台 BP 作为新的角色开始出现。例如，华为为制造、供应链、质量等部门都配置了财务 BP，美团为职能平台配置了财务分析专家，字节跳动为法务团队配置了 BP……这些角色越来越多地在大型公司出现。

很多公司对中后台 BP 都处于探索阶段，其职责依然以风控为主，以激励和赋能为辅。这个问题很难通过建立完善的 BP 体系来解决，而应该由组织转型来解决。只有公司转型为平台型组织，中后台 BP 的属性才能更明确，中后台 BP 才可以具备激励和赋能的职能。

8.3 共享服务中心与职能外包

如今，共享服务中心与职能外包受到了很多公司的重视，以后会发展得越来越好。这两个战略除了可以降低公司的整体成本，还使公司可以享受专业化服务。例如，在运通与 IBM 签订 IT 业务外包合同后，IBM 将全面优化运通的全球计算机系统和网站，并将通过运通的设备向运通的全球机构提供数据中心服务。

8.3.1 共享服务中心大显身手

20 世纪 90 年代，欧美掀起了一场建设共享服务中心的热潮。如今，许多公司把共享服务中心拓展到全球范围，共享服务的业务领域也越来越宽。共享服务经过三十多年的发展，已经形成了一套成熟的理念、方法和工具。这些理念、方法和工具指导和帮助公司通过建设共享服务中心达到降低成本、提高效率的目的，甚至实现快速转型。

我们认为，公司建设共享服务中心要站在整体和系统的高度，抓住“魂、筋、骨、肉”四个关键要素：管理一体化赋予其“灵魂”、端到端的流程优化疏通其“血脉”和“筋络”、IT 技术为其提供“骨架”支撑、服务价值的创造塑造其“肌肉”和“外形”。

1. 管理一体化是共享服务中心的“灵魂”

共享服务中心强调管理一体化，因此，公司是否要建设共享服务中心、在什么时候建设共享服务中心、共享服务中心的业务范围如何选择等问题，都与战略和管控模式密不可分。共享服务中心的属性决定了其只能在跨国公司提出的“一家公司”的战略背景下存在。

“一家公司”意味着管控的加强。西门子、飞利浦、联合利华等跨国公司都曾提出过“一家公司”的战略，并以此作为建设共享服务中心的背景。当然，不是所有公司都适合“一家公司”战略，同类公司也不一定只采用一种管控模式。公司要结合实际，选择匹配自身战略和管控模式的方案，这样才可以取得更好的效果。

共享服务中心的发展催生了一些知名的组织转型理论和职能转型理论，这些理论反过来又指导共享服务中心的建设，甚至成为公司建立共享服务中心的主要根据。公司根据这些理论，在管理的相关职能领域内建立起“纵向到底、横向到边”的一体化管理体制。

例如，IBM 把人力资源管理职责划分为“方案设计、流程执行、内部咨询”三大方面，分别对应“专家中心、共享服务中心、业务伙伴”三大角色。这种职责划分可以确保人力资源管理体系（如职位体系、招聘流程、薪酬体系等）的统一，也可以确保公司的政策一贯到底，建立起端到端的业务流程。

2. 端到端的流程优化是共享服务中心的“血脉”和“筋络”

端到端的流程优化思想应该被应用于共享服务中心领域。端到端是指从员工的喜好和需求出发，为员工提供优质的服务，即输入端是市场，输出端也是市场。在公司内部，端到端的流程优化要求打破部门壁垒和内部瓶颈，提倡分工协作和公司利益最大化。

在移动互联网时代，端到端必须敏捷、有效，要有“粉丝思维”“平台思维”“迭代思想”等，流程要遵循简化、标准化、控制点前移等原则。例如，文思海辉共享服务中心在“共享三环模型”架构体系的指引下，采用“标准化、电子化、简化、数字化”组成的共享四化策略，帮助公司梳理员工的需求与各类流程，取得了不错的效果。

3. IT 技术是共享服务中心的“骨架”支撑

共享服务中心之所以越来越流行，与 IT 技术息息相关。首先，在共享服务中心，从事大量、标准化或可以复制的工作必须用到远程 IT 技术；其次，公司也要求共享服务中心提供更多的数据挖掘和决策支持服务。

随着移动互联网、大数据、云计算、人工智能等新一代技术的发展，共享服务中心正在向全球化、智能化发展。通用电气、腾讯、文思海辉等公司在员工远程自助服务一体机方面实现了突破，精简了部分 HR 的工作，提高了服务效率。

依靠强大的信息化支撑，共享服务中心已经进一步升级为整合商业服务模式（IBS）或全球商业服务模式（GBS），使得非核心业务领域都可以被共享，并被整合在一个部门内。共享服务中心结合了多种服务交付模式的优势，包括共享服务、外包、离岸服务和 IT 解决方案，使得公司的人力成本更低、效率更高。

4. 服务价值是共享服务中心的“肌肉”和“外形”

共享服务中心具有服务和共享双重属性。从服务属性看，共享服务中心借鉴了客户细分理论，针对公司内部员工的不同需求分类提供服务。从共享属性看，共享服务中心具有共享经济的基本特征，可以借助发达的网络信息平台实现对资源的重复、高效利用，发挥公司的规模化优势。另外，大中型公司一般拥有多个业务单元（独立法人子公司、事业部或分支机构），这些业务单元存在相同或类似的辅助活动，可以在强调集中、统一的背景下共享服务。

共享服务中心同时为多个部门提供服务，是一种“内部外包”模式，需要以员工为中心，在内部引入契约机制和市场化机制，规范服务质量。服务水平协议（SLA）是共享服务中心最常采用的服务质量管理工具。

在集团的主持下，共享服务中心与各业务单元或子公司商讨、签订服务协议，明确每项服务的流程和交付要求，据此实施日常考核评价。考核指标一般包括服务态度、响应速度、专业性、服务差错率等。共享服务中心在这些指标的指引和鞭策下，每年需要了解各业务单元的业务变化，制定服务标准和收费标准，以便获取公司的认可，提高公司的满意度。

8.3.2　职能外包解决效率问题

管理创新可以促使公司把自己有限的资源和时间放到增强核心竞争力上。如今，竞争的核心是人力资源的竞争。职能外包是指公司为获得竞争优势而将内部的职能通过外部资源来完成的战略。职能外包源于英文 Outsourcing，最早应用该战略的是 IT 承包公司——EDS 的创始人罗斯·佩罗（Ross Pelow）。此后，在全球经济一体化、竞争日趋激烈、信息技术发展、传统竞争战略的缺陷逐渐显露等的影响下，职能外包广泛应用于众多领域。

公司将非核心业务外包出去，可以降低生产成本、交易成本、人力成本。从国外到国内，外包非核心业务已经成为一个趋势，特别是类似于人力资源管理这种在短时间内可以解决问题的非核心业务，很多公司都在采用外包的方式解决。

对公司来说，职能外包有很多优势。第一，公司采用职能外包战略，可以借助专业机构的规模化、专业化经营降低成本。例如，美国运通与IBM签订为期7年、价值高达40亿美元的IT业务外包合同，由IBM对其网站、网络服务器、数据存储和售后支持实行主机托管，该举措将为运通节省数亿美元的成本。

第二，优化公司的资本结构。将相关职能外包给专业机构运营，公司就不需要为实现该项职能而进行投资，如建厂生产、购置信息设备和运输设备等。相关投资减少，将降低固定资产在资本结构中所占的比例，从而有利于优化公司的资本结构。

第三，实现风险分散。公司可以通过职能外包与外部合作伙伴共同分担风险，并使自己的组织结构更有价值。另外，从财务角度讲，职能外包可以把固定设备和专有技术的固定成本转换为变化成本，帮助公司化解因大量固定资产投资而引起的财务风险。

第四，有利于开拓市场。职能外包，特别是生产外包，能够使公司的产品有效渗透到当地市场。对跨国公司来讲，产品直接在目标国市场进行外包生产和销售，不仅能够直接利用当地的廉价劳动力，也是使产品迅速进入目标国市场的重要手段。

第五，打造核心竞争力。公司把非核心业务外包，就可以集中有限的资源和精力从事自己的核心业务，充分发挥自身的优势集中打造核心竞争力。例如，直销是戴尔的立业之本，因此，戴尔把生产、运送和售后服务等业务外包给专业机构去完成，而将自己的资源进行集中，专心为消费者提供最好的定制服务。

第六，优化人力资源。公司采用职能外包战略可以压缩员工数量，解决专业人才流失和内部薪酬差距等问题。例如，现在 IT 人才炙手可热，其薪酬远远高出其他行业。有些公司因为自身的局限性使一些 IT 人才难以有用武之地，可能使其落后于日新月异的技术变化。这会造成一流的 IT 人才难以扎根，而实际运营维护的人员专业化程度不够，公司其他部门的员工对 IT 人才的高工资颇有微词，极大地影响 IT 工作的科学性、系统性和经济性。

实行职能外包战略可以让这些问题迎刃而解。例如，运通有一个世界级 IT 运营部门，该部门每天需要处理 10 亿次交易，支持全球 200 多个国家的业务运行。鉴于此，运通与 IBM 签订 IT 业务外包合同，将原有的 2000 名 IT 人员都转入 IBM 旗下，由 IBM 对其进行管理。此举大大优化了运通的人才结构，加强了运通的人力资源管理。

职能外包战略作为提高公司核心竞争力的方式，目前已经得到广泛应用。其中，生产外包和信息系统外包作为职能外包战略的重要组成部分，应用最为普遍。

（1）生产外包。生产外包是公司将原本自行生产或应该自行生产的业务外包给专业机构。例如，康柏只生产占营业额 10%的高档服务器，惠普将所有低档服务器的生产外包，IBM 将所有台式机外包给专业电子代理加工厂商生产等。

（2）信息系统外包。信息系统外包是公司将自己的信息部门外包给具有专业技术的服务商，以契约的形式要求服务商为其提供高质量的服务。例如，惠普与诺基亚签署为期 3 年、价值 1.85 亿美元的 IT 外包协议；康柏获得美国快递公司一项长达 5 年、价值数百万美元的 IT 外包合同，同时还成为美国邮政服务公司唯一指定的 IT 方案和服务供应商。

对公司来说，职能外包是一把双刃剑，如果运用得当，就能提高自己的核心竞争力，反之则会产生弊端。例如，业务外包在减轻公司对相关业务的运营压力的同时，将增大公司责任外移的可能性，公司有可能丧失对外包的控制，进而影响到业务的发展。因此，并非所有公司都能开展职能外包，此战略通常适合将技术体系和品牌优势作为支撑的公司。

第 9 章

薪酬绩效与激励发生了什么变化

对 HR 来说，与薪酬、绩效有关的工作非常重要，必须做好，例如，绩效薪酬和薪酬体系的设计等。此外，HR 还要懂得如何激励员工，因为有效的激励可以点燃员工的激情，促使他们在工作上的动机更强烈，并让他们产生超越自我及他人的欲望，把巨大潜能释放出来，为公司的远大目标奉献自己的热情。

但是，新时代的员工需要更新的奖励机制来推助其在工作中释放潜能。所以，下文我们将分析在社会发展如此快的情况下，薪酬绩效与激励发生了什么样的变化。

9.1　不确定时代的人力降本减负

在现代社会中，有能力者往往会寻求更好的发展机遇，所以，公司间的人才流动频繁。受到多重因素的影响，全球经济大概率已经进入了不确定性阶段。据国际评级机构标普统计，2020 年全球 GDP 增速仅为 1%～1.5%，判断全球现在不是“即将进入”，而是“已经进入”了衰退期。惠誉首席经济学家更是声称：“全球 GDP 水平已进入下行轨道。无论从何种角度而言，我们都已置身于全球经济衰退的大环境中。”

现在我们不断听到一个词——“成本焦虑”。越来越多的公司将笼罩在成本焦虑的情绪中。可以说，公司的 HR 如果不能与老板同频共振，很难讲他做的是“战略性”人力资源管理。同样，当我们谈公司的薪酬福利时，如果不谈“减负”“成本”“政策”这些关键词，就几乎无从谈起。在当下，每个 HR 都要对不确定性下的成本焦虑有一个长期的判断，要有打持久战的心理准备。

对一家公司来讲，人才是基础，是对公司生产、创造与发展都有很大影响的关键性因素。但是，在这个充满不确定性的时代，很多公司中的 HR 都有高薪留不住人才、低薪招不到高素质人才的体会。这种情况的出现往往和公司的薪酬绩效设计有密不可分的关系，本节我们就来具体介绍一下应该如何进行有效的人力降本增效。

9.1.1　经营判断先于法律判断

当前很多 HR 提到减负降本，下意识第一反应会想起《中华人民共和国劳动法》，过度追逐各种法律条文。一位律师朋友说："这一个半月以来，HR 读《劳动法》、学《劳动法》的频次，远远超过过去几年的总和。"但公司 HR 首先要明白的是：一家公司能否生存下去、能否持续向前发展，真正起决定作用的肯定不是居于底线地位的法律。《劳动法》等法律规范的仅仅是底线，公司在充满不确定性的环境中，首先要做的不是从底线去寻找答案。如果不从经营判断出发，而从法律判断出发，那么就是舍本逐末的行为。

回归商业的常识：经营判断要先于法律判断，公司应当基于经营判断，在合法合规范围内做预期管理。当前有两种错误做法非常可怕。第一种做法是"沼泽溺水型"，公司在经营上已经出现了严重的困难，但是 HR 考虑到员工感受等犹豫、拖延，后来公司在逐步走下坡路时被迫释放一些消息。这种情况下的预期管理有偏差，不是一步到底，而是步步下滑，如同深陷沼泽，溺水沉没，公司和员工的信心会逐步瓦解。第二种做法是"贪小失大型"，一家公司本来在经营上能扛过去，但是在大环境下没有认真思考本公司情况，纯粹为了追求减负而减负，采取很多激进措施，如全员无差别降薪、无差别延期付薪等，这些措施对公司的信用打击非常大，损伤元气，会留下一定的后遗症。因此，无论公司采取何种做法，都要基于对经营的判断。

9.1.2　紧缩内部编制，用工弹性化

经济与用工之间的规律早已被经济学家证明。在外部环境不确定、经济下行的情况下，公司用工不可避免会出现内部编制紧缩、外部用工弹性化的倾向。

“奥肯定律”是一个关于经济增长率和失业率之间的关系的著名经济规律。当经济下行时，与潜在 GDP 的增长相比，实际 GDP 的增长每下降 2%，失业率就会上升 1%。当前全球都在同时面临经济和就业的双重考验。这给公司带来的变化就是，不能再采取以前经济高速发展时的“堆人头”的粗放用工方式，要转向经济放缓发展时的“挖人效”的精益用工方式。很多公司的正式员工内部编制紧缩，招聘趋于严格。

与此同时，用工弹性化倾向凸显。兼职、派遣、外包这些弹性用工方式扩张。例如，2008 年全球金融危机时，日本 GDP 增长为负，下降了 1.09%，但是全日本的派遣外包人力资源服务行业的营收暴增了 20.48%，这就是典型的经济下行期间用工弹性化倾向的例证。预计，将来很多公司会增强供给弹性，满足实际用工需求。

9.1.3　非核心、低增值率岗位服务化

很多公司的经营确实受到了压力，需要减负降本。在人力成本整体较低时，我们缺乏分类分岗、轻化管理的意识；在当下需要精益用工时，我们需要精算每个岗位的成本，需要重新识别核心岗位和非核心岗位、高增值率岗位和低增值率岗位，进而采取针对性的策略。

固定用工的成本未来会越来越高。早在 2016 年，牛津经济研究院的报告就显示中国制造业劳动力的成本仅比美国低 4%，已经趋近于国际水平。但是由于我国长期以来用工水平相对粗放且人力成本精算复杂，我们往往只看见了静态成本，而没有看见动态成本和隐性成本。

例如，公司的保洁岗位，公司与保洁员建立标准劳动关系，初看起来好像工资也不高。但是，工资只是显性成本，还有五险一金、工会会费、残保金等与工资总额挂钩的政策附加成本；平日的节日福利、物业对接、街道检查等，这是维护成本；次年的加薪涨薪、五险一金自然增长、物价上涨引起福利费用自然上涨等，这是动态升级成本；几年之后如果解雇、辞退，即使是正常地解除劳动关系，也会存在工作满 1 年给 1 个月的经济补偿金，这些解雇成本是累积成本。所以，固定的标准劳动用工的总成本（包含政策附加成本、维护成本、动态升级成本、累积成本等）远远高于静态显性成本。

这些经济原理在一些实物或软件资产方面已经得到广泛接受。例如，在软件领域中，如火如荼的 SaaS 化转型升级实际上是商业模式变革，SaaS 改变了以前客户端软件按一次性付费终身使用的模式，按需租用，按月付费，大大降低了甲方客户的占有成本。又如，一些互联网公司的办公电脑等已经开始从原有的采购转向租用模式，即租即用，这种模式除了方便，背后还有一个深刻的原理：电脑硬件等遵循摩尔定律，随着时间延长，市场价值不增反降，更新迭代速度很快，在这些增值率很低甚至为负的领域中，所有权与使用权分离，恰恰更大地节约了成本。

对待劳动力也是一样的，公司越来越聚焦核心战略，实行轻化管理，直接设置有利于稳固劳动关系的只限于核心的、增值率高的岗位，而对一些非核心的、增值率没那么高，或者效率难以大幅提升的岗位，要尽量“不占有、只使用”，全面服务化。这样，不但从总成本上进行了节约，还会增强使用的灵活性。另外，通过引入市场化手段，每年服务的刚性成本不会大幅增加，因为市场中的竞争也会产生效率。

我们相信，将来会发生一些变化，对于一些非核心的基础性岗位或者增值率不高的岗位，有可能会全面服务化，按需使用，即租即用。

甚至公司的人力资源部门内部也会发生变化，一些纯粹偏外部的交付岗位，如社保缴纳、薪酬支付、个税申报等，离公司的核心战略价值较远，岗位增值率低，但政策变化频繁，操作经办烦琐，采用第三方外包服务将是大势所趋。

9.1.4　降本增效，HR 大有可为，战略地位提升

用较低的人力成本获得较高的效益是每个公司的追求，也是一种非常理想的状态。但是对大多数 HR 而言，这又是一个比较麻烦的问题。要想解决这个问题，以下两个要点是 HR 必须重视起来的。

第一个要点是一定要充分考虑公司的实际情况，如发展特点、经济实力等。

第二个要点是一定要保证薪酬和绩效可以在最大程度上发挥作用。

现在，好多公司都存在劳动力资源过剩的问题，也就是公司员工的数量不少，但是质量不高，如果公司的经营状况再跟不上，公司的人力成本就会面临比较大的压力。所以，HR 在设计薪酬绩效时，必须重视人力成本方面的问题，因为只有解决这方面的问题，将人力成本控制在一个合理的范围之内，薪酬和绩效才可以在最大程度上发挥作用。

如果公司想为自己的员工提高薪酬，那么HR不应该一次性就把员工的薪酬提高到某个水平，这种方式是不符合经济性原则的。

HR应该采取年终奖、特别成就奖、项目奖等方式，同时还要说明奖金是因公司收益、个人业绩及团队业绩有提高才发放的。这样的做法在激励员工的工作积极性方面有非常好的效果，而且公司可以根据实际的效益增长情况灵活地决定奖金额度。

对于“如何看待控制人力成本的必要性”这个问题，HR的看法可以分为两种。

第一种看法是：公司设计薪酬和绩效的主要目的，就是吸引外来优秀人才及留住内部优秀人才。所以，公司应该不惜一切人力成本去提高员工的薪酬，优化绩效考核。

第二种看法是：员工的薪酬能不高就不高，而且如果没有进行绩效考核的必要，就不应该浪费人力成本去做这项工作。

这两种看法都是不正确的。先来说第一种看法。首先，公司想要吸引和留住优秀人才，并不是只有提高薪酬这一个条件，如果公司在其他方面的条件不符合优秀人才的需求，即使薪酬再高也很难吸引和留住他们。

另外，公司还要考虑在人力资源上的投入与产出比，如果一味地利用较高的薪酬吸引优秀人才，但是他们在公司中发挥不了作用，不能为公司创造相应的绩效，那么，对公司来说，这些优秀人才不仅没有什么实际意义，还会导致劳动力资源过剩。

接下来说第二种看法。有吸引力的薪酬可以为公司带来优秀人才，而且可以调动员工在工作上的积极性，为公司带来大于人力成本的效益，对公司是有利的。而低薪酬、不合理的绩效考核则会使公司承受更大的损失，这是对人力成本的极大浪费。

通过对上述两种看法的综合考虑，我们总结出 HR 在控制人力成本时的三个重点。

（1）员工的价值观念。有些员工非常看重物质利益，哪个公司出的薪酬高，就到哪家公司工作，而有些员工看重的是自己在事业上的发展前途，他们的做法是，哪家公司有发展前途就去哪家公司。如果公司想要吸引和留住这种看重发展前途的员工，就不能只考虑薪酬和绩效方面的问题，还要考虑他们的事业发展前途。

（2）公司支付员工薪酬的实际能力、效益积累、绩效考核方案等方面的问题也不能忽视。

（3）合理配置员工。员工数量过多或者质量过高，都会造成公司在人力成本上的浪费。

某家大型服装公司最重要、最有技术含量的工作基本上都是由设计员工完成的，所以 HR 为设计员工设置了比制作员工、采购员工更高的薪酬，一些有自己风格的优秀设计员工在薪酬方面要高于某些部门经理，甚至高于某些高层管理者。

实际上，该公司现在的人力资源成本已经超过了盈利的一半，但有些设计员工仍然不满意，打算离开公司。为了解决这个问题，HR 对公司各环节所创造的价值进行了系统分析。其中，服装设计、市场推广和服装制作三个环节都为公司创造了不小的价值，而财务、行政及人事等部门也是为公司创造价值的必要部门。

如果没有设计员工，那么服装的制作就没有办法进行；如果市场推广不能为公司带来那么多的服装销售量，那么设计员工也就不用设计那么多的服装款式。通过这样的系统分析，公司的人力资源成本所占的比例已经非常高，再除去公司需要缴纳的各种税款、公司运营、市场推广、奖金等其他方面的费用之后，留给公司股东的分红金额就变得很少了。

之后，该公司的HR制定了一套详细的薪酬设计方案，经过了一段时间的试验后，情况有了很大改善。设计员工的不满情绪基本上消除，不再有离开公司的想法，各部门员工现在的工作积极性很高，公司的效益也在逐步提升。

能够取得这样的结果，管理者对HR的做法非常满意。那么，这个薪酬设计方案究竟是什么样的呢？具体可以总结为以下3个方面。

（1）留住员工不能仅仅依靠提高薪酬。

（2）在设置薪酬前要进行人力成本测算。

（3）根据行业和公司的具体情况设置员工薪酬。

在为公司制定薪酬设计方案时，HR就是根据以上3个方面来控制人力成本的。虽然这不是详细的内容，但是与其把详细的内容摆在这里，不如介绍一些实用的东西。上述3个方面再加上前面的内容，一定可以为HR提供实实在在的帮助。

9.2 KANO 模型下的薪酬激励

薪酬体系设计是公司发展战略中非常重要的一环。很多人提到减负，首先想到的是“减少人力成本”，因为公司人力成本在公司总成本中的占比会越来越高，尤其是一些服务型的公司。而提到“减少人力成本”，大家下意识的反应是“降薪”或“裁员”，这些都是相对简单的方法。

但如今的减负降本，正在产生两个新的趋势：一是从“暴力减负”到“策略减负”，简单粗暴，副作用太大，要综合考虑平衡策略性和员工需求、用户体验；二是从“消极合规”到“积极合规”，裸奔式消极合规被动等待的时代已经过去，要在活用政策的基础之上有意识地设计和筹划。

HR 可以从分析员工的需求入手，决定如果要降低成本，应该优先降低哪些成本。下文我们将以著名的 KANO 模型来进行需求分析，以此来设计公司的薪酬激励模式。

9.2.1 基本型需求

我们先来了解一下 KANO 模型的基本概念（见图 9-1），它以分析客户需求对客户满意度的影响为基础，展现了服务性能和客户满意度之间的非线性关系。

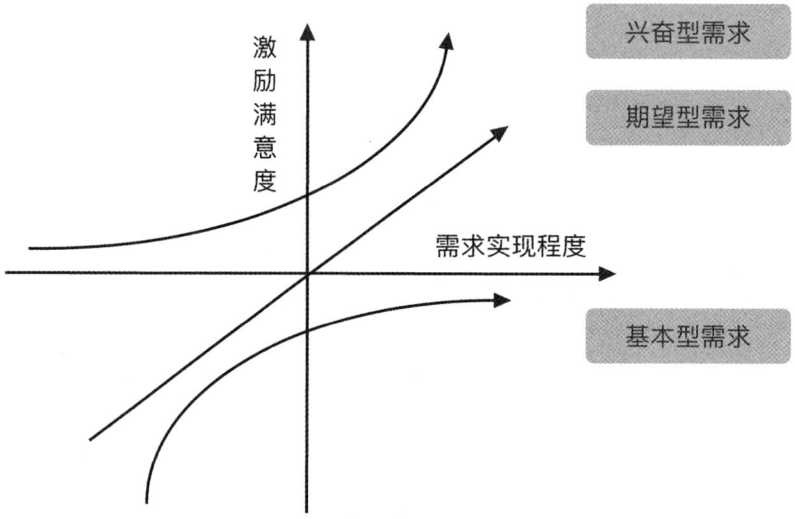

图 9-1 KANO 模型

好的薪酬体系往往具备市场的竞争性，以便为公司吸引优秀人才，留住忠实员工。因为所有公司都处在自由竞争的市场环境中，所以 HR 必须考虑自己公司的薪酬水平与竞争对手相比是否具有竞争力。

在 KANO 模型中，横轴代表的是需求实现程度，纵轴代表的是激励满意度。图中三条线代表的是典型的三类需求。

（1）基本型需求。客户认为基本型需求是必须具备的，即使不说也应该做到，基本型需求如果做不到，客户就不满意，但是即使做得非常好，客户充其量也只是表现出满意，而不会表现出更多好感。

（2）期望型需求。期望型需求是客户能够清晰知道并期望得到的需求，期望型需求的实现程度越高，客户就会越满意。

（3）兴奋型需求。兴奋型需求是超出客户预期的需求。公司如果未提供这类需求，员工也不会因此表现出不满意，但兴奋型需求一旦实现，员工就会表现出极高的满意度，所以这类需求对公司来讲是魅力属性，能够提升员工对公司的忠诚度。

具体到员工激励，“五险一金”等法定福利是基本型需求，工资、奖金等报酬收入是期望型需求，个人成就、自我实现是兴奋型需求。灵活运用 KANO 模型，有针对性的需求策略就是基本型需求底线持平，期望型需求满足预期，兴奋型需求展现特色魅力。

一家优秀的公司在基本型需求上不可或缺，在期望型需求上尽力满足、提高市场竞争力，在兴奋型需求上着力打造独具特色的人才吸引力。能够不断成长、自我实现是激励一个员工在公司里长期持久发展的重要核心。

《社保法》第三条明确，我国社保制度坚持“广覆盖、保基本、多层次、可持续”的方针，我们的“五险一金”法定福利是一种基本保障。对公司来说，这些员工的基本型需求如果没有，员工肯定不满意；但“五险一金”即使全部采取最高标准，也未必能真正激励员工，甚至反而释放错误的激励导向，可能引发内部公平性和激励机制僵化等更多的棘手问题。

当前，国家给予了阶段性减免单位社保费的政策，也有缓缴政策，公司可以积极使用这些政策，而且公司对缴纳住房公积金一直有灵活主动权，《住房城乡建设部　财政部　人民银行关于改进住房公积金缴存机制进一步降低企业成本的通知》（建金[2018]45 号）在住房公积金阶段性降低费率政策执行时采取了 5%至 12%“浮动区间”的做法，允许缴存单位在浮动区间内“自主确定”比例。

但是当前很多公司担心福利刚性造成员工反弹，在控制成本时没有考虑住房公积金等基本型需求，反而优先选择了全员降薪的方式，这实际上打击了员工的期望型需求，很可能挫伤全员的积极性，影响更大。敢于全员降薪却不敢降公积金比例，敢于降低期望型需求却不敢压缩基本型需求，这是当前很多公司在减负降本时犯的错误。

任何调整都会涉及基层老员工、中层、新员工，公司必须做好利益平衡、配套措施，以平稳过渡。对于基层老员工，我们可以精算其基本型需求上的收入并降低额度，同时提升期望型需求的收入，对冲平衡；对于中层，我们可以采取在一定过渡期内冻结红圈薪水等方法来平稳过渡；对于新员工，我们可以直接采用新办法。通过调整，公司发出了准确的激励导向信号，增强了薪酬水平的市场竞争力。

9.2.2　期望型需求

期望型需求明显不像基本型需求那样苛刻。公司在这一需求理论下，只需要向员工提供相对优质的政策或福利就可以。公司向员工提供的激励超出其期望越多，员工的满意状况越好，反之亦然。

转换到实际薪酬激励中，公司首先要全力以赴地满足员工的基本型需求，保证员工提出的问题得到认真的解决，重视履行公司的基本义务，为员工的正常工作提供方便。然后，为了提高公司在人才竞争方面的实力，HR 要考虑怎样尽力去满足员工的期望型需求。

公司在提供员工喜爱的额外激励时，应在提供的项目上优于竞争对手或有所不同，加强人才对本公司的良好印象，提升员工的满意度。

严格来说，KANO 模型不是一个直接评价客户满意度的模型，而是对客户需求指标的分类。在 HR 的业务工具中，KANO 模型通常作为辅助研究模型，来做员工满意度的评价工作。该模型的目的是通过对客户的不同需求进行区分处理，帮助公司找到提高员工满意度的切入点，帮助公司了解不同层次的员工需求，提高公司激励机制的效力。

9.2.3　兴奋型需求

相较于前两种需求，兴奋型需求是不会被客户特别关注与期望的需求。将其概念放到激励机制中来，就是要求公司提供给员工一些完全出乎意料的薪酬或服务方面的奖励，使员工产生惊喜。兴奋型需求一旦得到满足，员工表现出的满意程度就会非常高。在图 9-1 中我们也可以明显看出，兴奋型需求的曲线是随着需求实现程度急剧上升的。

实现员工的兴奋型需求，就是为公司建立最忠实的客户群体。在一家国际人力资源咨询公司的首席顾问看来，我国的人力资源管理大多比较保守，很少有公司的 HR 愿意运用 KANO 模型来建立薪酬奖励机制。

“传统公司强调的是标准化、统一化的管理，但在现如今的时代，HR 更应该根据员工群体进行区分，进行差异化的管理。”该首席顾问认为，随着这一趋势的推进，现在公司会考虑新员工、老员工，或者男、女员工需要什么。HR 应根据员工需求的差异制定不同的激励机制，以达到更好的激励效果。这不仅有意义，还可以让 HR 在工作与管理中变得更主动。

显然，细分员工需求的理论会对提升员工的绩效带来帮助。但对我国的公司而言，薪酬激励的差异化管理需要奠定一定的基础，HR 才能将这方面的制度设计完善。在某种程度上，如果一家公司的 HR 没有建立起满足员工基本型需求的平台，则更谈不上满足期望型需求与兴奋型需求了。所以，很多公司没有时间和精力去思考这样的细分，这说明其制度基础还不牢固。

换言之，KANO 模型的应用会随着人力资源制度的完善、HR 对员工需求的精准把控，逐渐朝着满足兴奋型需求发展。HR 在工作中需要思考的是，这些工作满足了员工的哪些需求，以及为公司带来的回报是什么。作为 HR，也要知道公司为员工提供的薪酬与奖励能转化为基本生产力，如果提供额外彰显公司魅力的激励，公司的生产力能提高多少。

总而言之，将 KANO 模型运用到人力资源管理层面，需要 HR 思维方式的改变——将员工当成客户对待，并且，在 KANO 模型背后，需要 HR 从业务的角度去了解员工需求，这也将是现代化公司在薪酬激励方面的一大进步。

第 10 章

数字化时代的 HR 转型

以移动互联网、云计算、大数据、AI、物联网等为代表的技术正在颠覆着我们生活和工作的方式。这些技术催生了全新的商业模式和经济形态，同时推动着公司和各岗位的进化。可以说，基于技术的数字化转型已经成为很多公司的终极目标。

技术的快速发展标志着数字化时代已经全面来临。在这个过程中，更优秀的公司会产生，曾经很优秀但不懂得转型的公司也可能会倒闭。

HR 的数字化转型能否成功，很重要的一点是不能违反人性，要帮助员工减轻负担和工作压力。此外，HR 还应该清楚数字化转型可以为公司和自己带来什么样的利益，切勿在没有梳理好流程和策略时就盲目地跟随潮流。

10.1　人力资源数字化转型下的发展趋势

前面已经说过，技术正在颠覆着我们生活和工作的方式，人力资源管理也经历着技术带来的数字化变革。如今，为了提升管理水平，很多公司都开始积极推进人力资源数字化转型，负责人力资源工作的 HR 自然也被卷入这场“风暴”中。

人力资源数字化转型包括很多工作：首先是了解人力资源工作与业务战略之间的关系；其次是掌握各项技术对 HR 和人力资源工作的影响；最后是关注数字员工，将可以实现自动化的工作交由智能化工具完成。

在人力资源数字化转型的趋势下，HR 要么升级，要么被淘汰。现在，数字化的人力资源已经成为各大公司关注的主题。接下来，本节将从业务战略、数字员工等方面对人力资源数字化转型进行详细分析。

10.1.1　HR 需要越来越理解业务战略

在人力资源开始走向数字化的今天，HR 所面临的挑战将越来越严峻，此时，他们需要不断提升自己的竞争力，否则难以在行业中立足。提升竞争力的最佳方法之一是理解业务战略，将业务战略与人力资源工作结合在一起，有利于公司的发展，也可以使 HR 得到赏识。

业务战略的主要作用是满足公司需求，HR 需要以业务战略的变化为基础来调整人力资源工作。当外部市场环境发生变化或者内部经营环境发生变化，公司需要重新制定或调整业务战略时，人力资源工作也要随之进行相应的调整，以适应和支撑新的业务战略。

例如，一家公司确定了五年之内规模和盈利达到行业前三位的目标，但由于一次重大失误，导致目前的实力无法支撑这一目标的实现。在这种情况下，HR 需要考虑的是如何解决现存的问题，加强资本运作，而不是为实现目标制定措施。

业务战略关系到公司的经营、管理和服务活动能否取得好的效果，在进行人力资源工作时，HR 应该将这些方面考虑进去。此外，HR 需要衡量和检查员工所体现出来的活力和技能能否促使公司不断壮大、向上发展，如果不能，就要尽快转型升级。

A 公司是一家综合型公司，房地产开发是其核心业务，也是其最主要的利润来源。但是因为房地产市场的竞争日益激烈，资源越来越紧张，所以 A 公司将矿产开发扩展为新兴的业务，并进行重点扶持。

A 公司原本的业务战略主要集中在房地产开发上，现在由于新增了业务，因此组织架构、岗位设置等人力资源工作也要做出调整。该公司的 HR 除了调任一部分员工，还组建了新部门对矿产进行开发和管理。

对 A 公司来说，矿产开发虽然是新兴的业务和二次创业的支柱产业，但是该业务仍然处于初步发展阶段，需要采用全面把控的模式进行管理，所以 HR 的关注点必须在这上面。与此同时，HR 还应该对员工的进度、需求、工作情况进行及时追踪。

HR 的人力资源工作首先要满足业务战略的需要，为公司的发展带来正面的效果，其次要与外部经济发展状况相联系，使公司跟上市场的潮流。公司在不同的发展阶段中，采取的业务战略并不相同，这决定着人力资源的配置和管理。

HR 只有对公司的业务战略及其特点进行深入了解和分析，才可以切实做好人力资源工作。对处在数字化转型关键阶段的 HR 来说，业务战略是一个不能忽视的重点。为了保证公司的正常发展，在进行数字化转型的过程中，所有环节都要以业务战略为核心。

10.1.2　人力资源越来越数字化

现在，各项技术都变得越来越先进，这带动了人力资源逐渐走向数字化，因此，新时代的 HR 必须拥抱技术，尽快实现转型升级。在人力资源的数字化过程中，以下几项技术发挥了非常重要的作用，如图 10-1 所示。

1. 大数据：把控大局，便于整体规划

作为一项有多种功能的技术，大数据不仅仅可以对公司的价值链进行优化，实现效率的最大化，更重要的是透过一些关键的数据，使公司可以深度分析价值链上的各环节，实现业务创新，从而将价值链带到一个更高的价值空间。

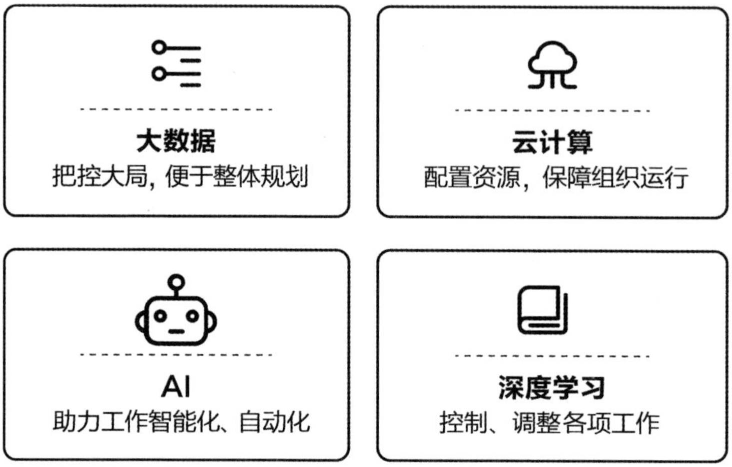

图 10-1 人力资源数字化进程中的技术应用

例如，HR 可以根据员工的业绩数据、工作数据等，为员工设计更合理的目标和薪酬。此外，HR 还可以根据迟到次数、加班时长、拜访客户频率等数据衡量员工的积极性和做事态度，并在此基础上为其设置适宜的岗位和职位等级。

如今，很多 HR 都已经意识到大数据的能量是无穷无尽的。一方面，大数据可以使自身的工作效率和工作质量得到大幅度提高；另一方面，自己可以在大数据的基础上制订规划，进一步促进自身业务模式的转型。

2. 云计算：配置资源，保障组织运行

目前，大多数公司都存在资源被过度配置的问题，不过，这些公司根本没有意识到该问题带来的严重影响。事实上，调研机构 TSO Logic 提供的数据显示，有超过八成的工作量被过度配置，其幅度约为 30%。

现在，大多数 HR 仍然使用以容量为基础的模型，并试图对未来几年所需要的容量进行预测，但预测结果通常是不准确的。而云计算则可以提供更加清晰的现实世界消费图景，同时也可以提升预测的准确性。

3. AI：助力工作智能化、自动化

之前，人力资源工作都是由 HR 负责的，然而，随着 AI 的不断发展进步，这样的情况似乎已经发生了改变。日本高端人才招聘网站 BizReach 曾经与雅虎、Salesforce 合作，共同开发针对人力资源工作的 AI 产品。

该 AI 产品不仅可以自动完成某些工作，如岗位调动、招聘、员工评测等，还可以帮助 HR 发现员工的跳槽倾向。与此同时，该 AI 产品还可以采集员工的工作数据，并在此基础上通过深度学习、大数据等技术，对员工的工作特征进行深度分析，从而判断员工与其所在岗位是不是足够匹配。

目前，引入该 AI 产品的公司已经变得越来越多，如沃尔玛、亚马逊等，而这些公司的主要目的则是，让人力资源工作可以更加高效、简单，减轻 HR 的压力。

4. 深度学习：控制、调整各项工作

在公司管理中，数字化的关系应该可以用“金字塔模型”来表示：从下至上分别是数据化层、信息化层、智能化层、深度学习层，总结下来就是，由浅入深、由基础到应用的逐层升级。

其中，信息化层的基础是可靠且准确的数据；而智能化层的基础则是可靠、准确、海量的数据，不仅如此，智能化层还会并行地对不同信息系统进行二次加工，并做出矩阵式的分析，从而形成智能化的结果。

下面说一说位于“金字塔模型”顶层的“深度学习层”。“深度学习”是以海量数据、大量信息子系统、智能化为基础进行的神经网络式的计算分析，可以说是智能化的升级版，而且在一定程度上超出了人类智慧。

借助“深度学习”，公司可以更好地控制、调整各项工作。以人力资源工作中的岗位分配为例。在 HR 进行岗位分配的过程中，“深度学习”可以把海量的数据和前辈的经验融合在一起，同时也可以对员工与岗位是否匹配、员工能否胜任岗位的工作等问题进行预测。

可见，对公司和 HR 来说，上述几项技术的作用是非常强大的，而这也在一定程度上推动了人力资源的数字化进程，加速了 HR 的转型升级。

10.1.3 数字员工将大行其道

麦肯锡提供的数据显示，在全球范围内，50%左右的工作可以通过现有技术实现自动化，而可以实现完全自动化的工作却只有不到 5%。另外，数据还显示，在 60%左右的工作中，至少有 30%以上的活动可以用自动化取代。这些数据从一个侧面反映出，对于广大员工，尤其是处于执行层的 HR 来说，工作场所已经发生了很大的变化。

目前，自动化的技术可行性变得越来越重要，但影响自动化应用范围和速度的因素并不是只有这一个，其他因素主要包括监管和社会的认可程度、劳动力市场的实际情况、自动化带来的好处、自动化解决方案的巨额成本等。

一般来讲，如果行业和职业不同，那么自动化对工作产生的潜在影响也会有所不同。相关报告显示，那些在可预测环境中完成的工作最容易受到自动化的影响。

另外，数据采集、数据处理是另外两种可以实现自动化的工作，而且在这两种工作中，机器甚至要比人类做得更快、更好。不过，必须注意的是，即使有些工作可以或者已经实现自动化，人类的就业机会也不会因此而减少。

在不可预测的环境中完成的工作也许多年以后都不会实现大规模的自动化。一方面，很难有技术可以实现这类工作的自动化；另一方面，这类工作的薪酬水平普遍较低，对其实现自动化并不是一个非常具有吸引力的商业主张。

由此可见，对于人力资源的数字化趋势，HR 不需要感到恐慌和担忧，而是应该积极拥抱技术和智能化工具。未来，HR 可以把更多的时间和精力放在难以实现自动化的工作上，如与员工沟通、培训、管理等。与此同时，HR 所需的知识和能力也与之前大相径庭。到了那个时候，HR 需要具备社交、情感、逻辑、创造等方面的能力。

即使技术和智能化工具不会对 HR 造成“致命”的打击，但还是有些 HR 会担心其掌控力将变得越来越强，以至于可以完成所有人力资源工作。当然，从目前的情况来看，这样的担心还为时尚早。不过，必须承认的是，虽然技术和智能化工具不会马上取代 HR，但可以为 HR 的工作效率和工作方式带来重大改进。

以挑选人才为例。对公司的 HR 而言，要挑选一个合适的人才，必须做好以下 3 项工作，如图 10-2 所示。

图 10-2　挑选人才要做好三项工作

虽然 AI 等技术可以取代其中的一些工作，但其还是缺乏深入了解候选人、评估候选人与工作环境是否足够契合等方面的能力。不过，在技术的助力下，部分环节可以更加高效地完成，如获得更多的候选人信息、对候选人进行筛查和突出标记等。

将技术应用到挑选人才的过程中，除了可以节省 HR 的时间和公司的资源，也可以节省候选人的时间，并降低其不确定性。如果在遇到顶尖的候选人时，HR 花费一个星期的时间来安排面试，这只会让他们到别的公司去寻找新的工作机会。

可以想象，如果一家公司可以用最短的时间对每一位候选人的求职申请做出反馈，那么这家公司就会吸引更多的候选人，找到真正人才的概率也会更高，从而促进自身的协调发展和不断进步。毋庸置疑，技术和智能化工具可以为公司带来各种各样的好处。例如，实现工作效率的不断提升，创造动态经济和经济盈余等。

在这种情况下，为了更好地应对新时代，HR 应该安排好分工，将那些可以实现自动化的工作交由智能化工具来完成，让自己变成真正意义上的数字员工。

10.2　人力资源数字化转型的思路

“85 后”“90 后”等新生代已经成为劳动力主体，他们向往自由、充满自信、十分独立，对工作的价值和意义有着极致的追求。他们生活在互联网时代，所以 HR 在和他们互动或者为他们提供帮助时，应该让他们感受到与线上购物、社交聊天一样的消费级体验。在这种情况下，HR 必须尽快完成数字化转型。

那么，HR 应该如何进行数字化转型呢？本节提出了三个思路，分别是数字化工作场所、数字化人力资源运营，以及数字化决策。相信这三个思路可以让 HR 获得启发和灵感。

10.2.1　数字化工作场所

如今，HR 可以通过云会议、视频直播、工作群组等方式，把原来不好组织的线下工作直接转变成随时可以发起的线上工作，以加强团队沟通，提高整体效率。此外，HR 还可以通过签到积分、权益兑换等方式，把印在手册上的文化升级为游戏化、有趣的新型文化。这样的新型文化可以深入员工内心，树立公司的良好形象。

总而言之，人力资源越来越数字化，这也带动了 HR 工作场所的数字化。借助数字化的工作场所，HR 可以重新定义员工的工作方式，实现不同部门之间的高效协同。当然，数字化的工作场所也可以使 HR 的工作发生巨大变革，下面以招聘中的面试为例对此进行详细说明。

大多数 HR 普遍认为传统的面试方法存在很多弊端，例如，由于场所的限制，难以对候选人的实力进行准确评估。为了弥补这些缺陷，一些新型的面试方法逐渐产生，下面我们将对其中的 5 种（见图 10-3）进行简单介绍。

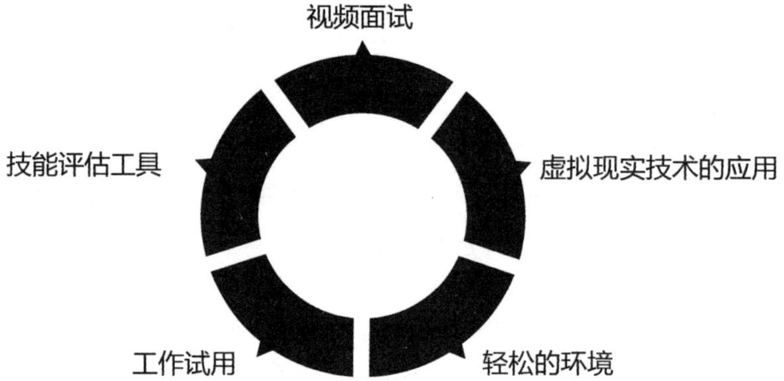

图 10-3　5 种新型的面试方法

1. 技能评估工具

利用在线测试系统，对候选人的素质进行评估。随着技术的发展，很多以神经学、心理学为依据的测试系统出现了，如哈特曼性格测试、PDP 性格测试等。这些系统可以高效地对候选人的某些素质做出评估，如是否具有抗压能力、团队协作能力等。通过对这些工具的应用，HR

极大地节省了时间与精力，能够更真实、客观地了解候选人，提高招聘效率。

2. 工作试用

通过让候选人进行工作试用，可以更直观地看到候选人的工作表现，同时也能让候选人更清楚地了解岗位职责，增强双方的契合度。

在传统面试中，HR 会在面试室内通过提问的方式让候选人进行自我表述，但是由此得到的信息相对片面，有很强的主观性，HR 无法了解候选人真正的工作状态。现在，HR 可以让候选人到正式的工作场所中进行实践，这样可以更切实地考察候选人的工作能力，减少个人偏见，以及避免候选人的自吹自擂。

3. 轻松的环境

在轻松的环境中，候选人可以更加自如地表达自己的想法，从而使 HR 看到其更真实的一面。例如，Charles Schwab 的 CEO 喜欢和候选人一起吃饭，以此来观察他们在生活中的真实表现。他还会在用餐时故意制造一些意外，如打翻酒杯等，以此来考察候选人的应变能力。

这种面试方法并没有采用高新的技术，在以往的面试中也曾出现过。但如今越来越多的 HR 意识到了这种非正式面试方式的优势，将其应用于招聘管理中，逐渐形成一种新潮流。这种潮流也打破了面试场所的局限性，使候选人获得了更多展示自身能力的空间。

4. 虚拟现实技术的应用

近几年虚拟现实技术愈演愈烈，除了在游戏领域的应用，越来越多的公司尝试将其应用于其他领域。劳埃德银行曾经启动了运用虚拟现实技术进行候选人测试的计划。

HR通过相关设备对候选人发布任务，然后对其表现进行监测，从而判断候选人的工作能力，决定是否录用。

这种方法为候选人的考察提供了更多的可能性，使HR对候选人的评估更加全面、具体，同时为公司打造了一个拥有高新技术、紧随潮流的品牌形象。对一些科技公司来讲，这种面试方法是一种比较不错的选择。

5. 视频面试

视频面试的方法可以打破传统面试流程中时间与空间的限制，使招聘过程更加高效。在近几年里，使用视频面试的公司越来越多，包括高盛、毕马威、欧莱雅、安永等在内的知名公司已经开始使用HireVue或Sonru进行视频面试，对候选人进行首轮筛选。

当面对大批候选人时，视频面试的方法显然更高效，这种方法将HR的工作场所转移到线上，同时还扩大了公司对人才的甄选范围，有效促进公司人才库的建立。

社会在发展，HR的工作场所也不再局限于某一特定区域内，而且由于新型冠状病毒肺炎疫情的影响，很多公司都开始云办公，这也极大地推动了工作场所的变革和扩宽。因此，新时代的HR不应该故步自封，拘泥于从前，而是要积极创新，迎合发展潮流。

10.2.2 数字化人力资源运营

技术赋能人力资源工作虽然早已不是新鲜话题，但仍然是热门话题。在未知比已知更多的未来世界里，创新将会成为公司生存发展的不二法门。

《HR 的未来简史》一书写道："今天公司创新的形态已经不仅是产品创新和技术创新了，还包括战略创新，服务、组织与制度创新，管理创新，营销创新和文化创新等。"创新的核心是"人"，公司的工作重心是"人力资源运营"，如何把握这个工作重心，并使其不断创新，是每一家公司都在认真思考的问题。

现在，技术正在让人力资源运营发生巨大变革，这一点可以从内容、形式、策略三个方面详细说明，如图 10-4 所示。

图 10-4　数字化人力资源运营

1. 内容：智能分析员工特性，促进人岗协调

费里曼是一家在线房地产服务公司的 HR，在最开始时，公司只有十几名员工，随着公司的发展壮大，他仿佛在一夜之间就需要招聘一批新的、有能力的员工。这样的情况让费里曼很头疼，面对着如此大量的简历，他更是感到手足无措。

不过，自从 AI 出现并兴起以后，解决方案也应运而生。通过对求职者在上班第一天可能会做的事情进行线上模拟，AI 可以使简历审查工作变得更加简便和快捷。除此以外，AI 还可以分析求职者的特性，并在自然语言处理、机器学习等技术的助力下，为求职者构建一份个人心理档案，从而准确判断这位求职者是否与公司文化氛围相契合。

举一个比较简单的例子，通过评估求职者喜欢使用哪些词语，如“请”“谢谢”“您”等，去判断其同理心和接待客户的可能性，与此同时，也可以帮助 HR 衡量求职者在此次面试中的表现。费里曼透露：“在引入了 AI 之后，我们可以在很短的时间内从 4000 名求职者中挑选出最合适的 2%至 3%。”

实际上，AI 不仅可以应用于招聘工作，还可以帮助公司分析员工与岗位之间的匹配度，从而进一步促进人岗协调。当然，在人力资源运营中，AI 并不是完美无缺的，但取得的效果一定要比全靠人力更好。

2. 形式：借大数据实施动态管理，发挥员工的价值

试想一下，如果公司不仅可以借助大数据对员工的积极性和主动性进行预测，同时还可以评估员工的能力及其所做的贡献，那么情况会变得如何呢？HighGroud 是美国的一家软件公司，一直致力于研发提升员工积极性的产品。

HighGroud 创建了一个可以从员工交流中挖掘数据的系统，在有了该系统以后，公司中每一位员工的情况都可以被清晰地展示出来，从而促进公司人力资源运营的顺利进行。

除此以外，这个系统还允许客户留下反馈，对此，HighGroud 方面表示，与客户反馈相关的数据可以大幅度提升公司员工的能力和积极

性，同时，领导层也可以根据这些数据找到一个最佳的运营策略。

HR 必须知道，如果员工对工作没有充足的积极性，那么就会对公司的内部运营产生严重影响，当然，也会对公司的外部业务产生不良影响。现在，通过中规中矩的绩效考核来激发员工的积极性，从而使其发挥更大的价值，已经不能取得非常好的效果，采用新技术和新交流软件才是真正的“王道”。

不过，在采用新交流软件时，一定要保证其在员工中的使用率，为此，公司应该把新交流软件设置成易于访问和使用的模式。这样员工就可以简单地把新交流软件安装在他们的手机上，然后再通过它互相学习，并了解客户反馈，从而尽快提升自己的能力和价值。

实际上，除了上面已经提到的好处，HighGroud 的数据挖掘系统还可以帮助公司发现那些潜在的高级人才，从而进一步优化公司的人才建设。

可以说，借助新的交流和数据分析软件，HR 可以对工作人员有更深入的了解，而这也将成为公司激发工作人员积极性和价值的重要依据。

3. 策略：给予员工自主权，提高员工的满意度

之前，一家公司的策略基本上是由领导层制定出来的，下面的员工只能毫无怨言地执行。不过，必须承认的是，任何策略都不是一开始就可以制定合理的，而是必须在实践中一边执行，一边不断调整和优化的。

借助数据分析、自然语言处理等技术，HR 可以掌握员工的一些想法和意见，把这些想法和意见融入公司的策略，不仅有利于确保策略的

科学性和合理性，还可以在一定程度上赋予员工自主权，从而提升他们对策略的满意程度。

无论在什么时候，激发和整合所有员工的智慧来制定策略、推动公司变革，并解决业务开展过程中的各种问题，都是一个最好的办法，而 AI 则为这个办法的实施提供了强大的支撑。

另外，对领导层而言，只有用这样的办法制定策略，才可以使公司的业务随着复杂、快速的环境变化而实时变化，才可以赋予员工一些应对变化、推动变革、解决问题的能力。

10.2.3 数字化决策

在数字化时代，HR 的决策也应该趋于数字化。具体来说，HR 需要以公司内外部的数据为基础，通过智能化分析，了解公司的人力资源管理现状，有效预测人力资源管理在未来可能面临的问题和挑战，从而制定更科学、合理的决策。

AI 等技术可以对数据进行进一步分析和整合，并在此基础上自动形成人力资源管理报告，以帮助 HR 制定更加科学、合理的决策。从目前的情况来看，随着技术的不断进步和完善，越来越多的 HR 将数字化决策设定为未来发展的方向。

一些资深的人力资源专家明确表示："我们希望可以用技术和智能设备替代 HR 制定人力资源管理报告。"这也就意味着，在这些人力资源专家的设想中，HR 将用算法进行人力资源工作，并利用智能设备改善人力资源管理流程。

一旦这样的设想变成了现实，HR 的效率不仅会比之前有很大提升，其面临的工作压力也会明显减小。当然，人力资源方面的花费也会变得更少，从而降低公司的整体成本。虽然技术和智能设备为 HR 带来了益处，但是 HR 也不能安于现状，而应该不断提升自己的能力。具体的能力如下所示。

1. 流程管理能力

在技术和智能设备的助力下，HR 可以通过某些方式（如合成数据、分析数据等），提高自己在操作流程中的决策比例。在这种情况下，HR 不仅应该重新设计操作流程，还应该重新塑造自己的能力，以此来为技术的应用提供支持，从而应对更加复杂和困难的决策。

目前，技术正在用一种 HR 还没有掌握的方法，对之前“以员工为中心”的内部操作流程进行着改变，这显然是技术与机器人流程自动化的融合。除了机器人流程自动化，还有一些别的例子。例如，语音识别身份验证系统可以在记录考勤的过程中发挥作用，从而降低考勤管理的难度。

2. 平台及数据管理能力

平台及数据管理能力是 HR 必备的又一项能力，该项能力可以帮助 HR 处理更多的信息、管理更多的平台。一般来说，机器学习方法只可以生成与输入与数据的质量相当的预测模型。在这种情况下，对公司而言，确保数据质量便不能算是一个新的挑战。

另外，如果 HR 不具备平台及数据管理能力，数字化转型就很有可能遭遇前所未有的瓶颈。因此，HR 必须冒险一试，努力将自己打造成一个“数字化小能手”。随着技术的不断发展，世界上的公司都将引进技术。作为公司中的重要人物，HR 有必要去掌握平台及数据管理能力，让自己尽快适应技术时代的发展。

从目前的情况来看，HR 要做的事情还有很多。首先，应该把精力集中在那些能够进行高效人力资源管理的 AI 产品（包括 AI 软件、AI 机器、AI 机器人）上；其次，关注那些 AI 产品所使用的数据和算法；最后，想方设法提高自己的判断力和领导力。

如果把上述事情都做好，HR 就可以进一步促进 AI 的优化，从而使其为自己的公司做出更大贡献。由此可见，面对着被 AI 取代的威胁，HR 不应该自暴自弃或停滞不前，而是应该掌握一些必备的 AI 技能，以便更好地控制 AI。

10.3 数字化时代的组织变革

当变革成为常态且经济下行的压力逐渐增大时，所有经济体都在寻找发展的方法。在这样的背景下，很多公司依然获得了快速和稳健的增长，这些公司有什么共性吗？当然，从人力资源的角度看，这些公司的技术能力都比较强，具备进行数字化转型的条件。

10.3.1 在数字化时代，组织如何变革

在数字化时代，员工与之前很不一样，技术也被聚焦。对此，很多 HR 会觉得技术离自己很遥远，甚至毫无关系，这样的想法是非常错误的。以现在流行的名词新零售为例，在新零售的背后，每个人都没有区别，都需要对技术进行应用。因此，HR 作为社会中的一员，必须了解和掌握技术，这已经成为一项非常重要的能力。

我们正处于一个技术爆炸的时代，技术的进步可能会让公司发生变革。随着外部环境的变化，公司不再是独立的个体，而变得与社会环境息息相关。过去，我们依赖的是劳动体力的变化，现在我们变身

为知识工作者。所以，HR 应该考虑员工每天都是什么状态，以及自己能否跟上他们的变化。过去，日本的公司都十分追求效率，但在今天的竞争中，我们发现这些公司还没有适应现在的节奏，这就是数字化时代的特点。

20 世纪，制造行业的体力劳动者的生产率增长了近 50 倍，这是人力资源管理做出的最重要的贡献。21 世纪的人力资源管理以提高知识工作和知识工作者的生产率为核心，在这种情况下，最有价值的资产变成了知识工作者及其生产率。

大多数“85 后”和“90 后”都是独生子女，也是移动互联网的“原住民”，想法和观念都十分新潮，他们对职业的看法也在不断变化。如果用之前的方式管理他们，就会产生很多问题。因此，HR 要不断适应新的时代和新的员工，这样才能让组织保持强大的生命力，才能让公司产生价值。

10.3.2 HR 如何应对组织变革

身处数字化时代的 HR 要想应对变革，其实很不容易。公司存在的意义和价值会赋予 HR 新的意义和价值。现在是数字化时代，很多因素都会导致公司面临的环境是不确定的，如员工发生变化、技术变革加速、跨界竞争激励、全球化趋势显著等。

在这种不确定的环境中，公司如何获得发展是 HR 需要思考的问题。此外，之前的机械化组织转化为有机组织，这样的组织变革也让 HR 不知所措。面对这些问题，为什么有些 HR 能做好，有些 HR 做不好？我们应该从以下几个方面找原因。

（1）创新和应变。之前，HR 追求的是效率，但在数字化时代，HR 关注的应该是创新和应变，即调整与优化人力资源管理模式。

（2）思考核心价值。时代虽然在变，但组织存在的核心价值是不变的。HR 应该由这个核心价值入手，思考公司的战略和目标。

（3）动态目标管理。组织的生命周期缩短，组织面临着更复杂的商业环节和社会环境。在这种情况下，动态目标管理和战略选择是 HR 必须具备的思维与能力。OKR 的本质是让目标不再是简单的顶层设计，而是组织中的各体系都能够根据时代的发展找到适合的实现目标的途径。

（4）由内而外协作。每个部门都有自己的目标和利益，HR 要想使其达成良好的协作，就必须对原来的组织架构进行调整，也就是说，组织架构的调整能为各部门之间的协作带来更多的可能性，从而使其成为利益共同体。

HR 应该知道，无论时代和组织如何变化，公司的使命将始终如一。不论在任何情况下，使命都是公司存在的意义。任务也许不清晰，但使命始终清晰，这就是使命驱动。

10.3.3　组织形态的发展趋势

未来的组织形态虽然没有定性，但一定具备的特征是一致性和自主性。组织和个体需要在一致性和自主性中找到平衡。我们认为，这里的一致性和自主性是两个不同的维度。

（1）低一致性、低自主性：管理者下指令，团队执行。

（2）高一致性、低自主性：管理者告诉团队要做什么，以及怎么做。

（3）低一致性、高自主性：团队成员各行其是，管理者很无助。

（4）高一致性、高自主性：管理者聚焦要解决什么问题，由团队自己去找出解决方法。

整个公司为了实现一致性的目标完成具备创造性的任务，这就是未来的组织形态。为此，组织要具备灵活性、响应性、自主性、创新性。很多HR抱怨公司缺乏活力，效率非常低。其实要解决此问题，HR除了做好督促工作，还必须在其中找到激活员工的核心元素。

传统的文化博大精深，在不同的价值观中找到协同之处就是HR要重点关注的部分。自由和责任是文化的核心，HR要让员工既有和公司保持一致的责任，又享有自己的自由。未来的组织可能很灵活，能够为HR带来很多动态的内容，HR也将更有自主性。

第 11 章

人力资源管理的未来——把握当下，放眼未来

显然人力资源管理已经成为当今经济社会的热点话题。随着时代的不断发展，公司对 HR 的要求已经不再局限于完成薪酬统计、招聘、培训这些比较琐碎的工作，还希望他们可以参与到公司的战略规划中来。本章将就未来人力资源管理的发展趋势，以及新时代人力资源管理的走向进行简单探讨。

11.1　人力资源管理的发展趋势

随着市场经济的快速发展，人力资源管理的潜力越来越被重视。人力资源管理的发展反映了真实的市场需求。可以预见，未来几年，人力资源管理将会展现出一番新的景象。

11.1.1　新的用工变化正在产生

我们不可以否认，人力资源管理正在变得越来越新，这个“新”到底体现在什么方面？对于这个问题，我们看到很多种解释，有人说技术起了很大的作用，有人说消费发生了变化，有人说信息化时代已经来临，但我想从用工的角度分享一下自己的想法。

现在一个非常重要的问题是用工在不可避免地走向服务化，很多行业的商业模式也在向服务化靠拢。我之前与一位 4S 店的创业者交流，得知他收入的 90%来源于服务，而不是卖汽车。同样，我们还会看到另外一个现象：很多公司的发展依托于服务业。未来，服务在经济中所占的比重只会越来越高，这是我们所处的环境，很多公司都是在这个环境中发展起来的。

那么，服务会给用工带来什么样的变化呢？首先是用工越来越离散化。根据 51 社保的调查，我国现在有 46.4%的公司都是跨地域经营的，必须面对跨地域的用工管理。

此外，51 社保的数据显示，很多公司的人力资源部门仅仅有 5 位以下员工，这就是我国的现状。也就是说，人力资源部门的员工很少，但公司面临的用工是全国化的。例如，公司的总部在北京，但销售人员可能遍布全国各地。

其次是用工越来越即时化。服务业的特点是按需供给，不像制造业那样可以把产品先生产出来再运到各地销售。在服务业中，生产和消费同时发生。因此，与即时化相伴的是大规模、高频率的用工交付。

最后是用工的多元化。现在，图 11-1 所示的四类群体都可以被看作员工，单一的用工形态已经很难满足企业的需求。现在有各种各样的商业模式，其背后的本质和用工非常相似。如果企业仍然采用传统的标准化模式，其商业模式将难以为继。

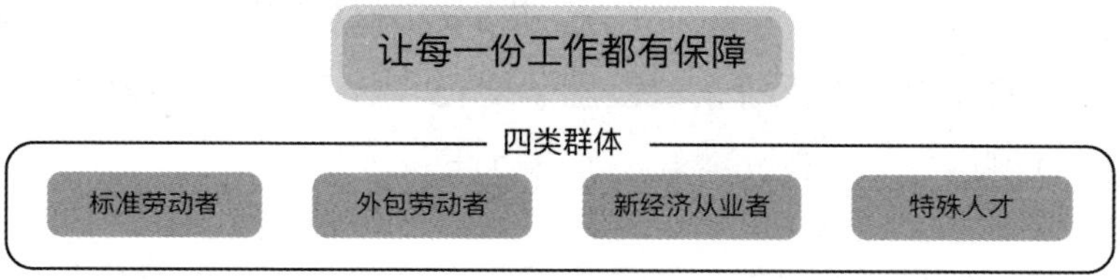

图 11-1 可以被看作员工的四类群体

在这种情况下，HR 需要同时处理多种关系。为此，51 社保用专业化的方法围绕这四类群体提供专业化服务。在所有竞争中，我们认为最重要的一定是资源和运营效率的竞争。也就是说，能够在竞争中胜出的一定是运营效率非常高的公司，尤其是劳动力的效率。

我们已经意识到一个正在发展的现象：在互联网的上半场，大家都在讲流量，到了产业互联网阶段，大家又都在关注效率。可以说，我们已经从流量经济过渡到了效率经济的时代。此外，越来越多的商机已经出现，其中就包括公司服务。

我们把公司服务定位为 ToB 型业务，即不是直接面对消费者的，而是直接面对公司的业务。简单来说，公司服务就是帮助甲方客户（公司）提升效率，最终实现其商业价值的业务。所以，公司服务是一种支撑经济发展的底层的基础设施级的服务。

很多专业人士认为做公司服务要从上到下，过去的经验也确实如此。例如，51 社保的发展就是这样的：先与最难提升效率的小微公司合作，帮助其完成降本增效的目标，然后再扩展合作对象，为规模更大的公司提供服务。

在用工发生变化的背景下，公司服务也迎来了黄金时代。未来，越来越多的公司会专注于自己的核心业务，需要专业化服务商的帮助，这恰恰是不可多得的商机。

11.1.2　人力资源管理走向信息化

时代在进步，人力资源管理变得越来越信息化。起初，很多公司没有进行相关的信息化转型，遇到的问题可能会比较多；现在，人力资源管理系统得到大范围应用，公司的问题就没有之前那么多，公司通常会聚焦在人力资源管理系统的操作上。

纵观全局，公司目前使用的人力资源管理系统主要分为三个级别。第一个级别的人力资源管理系统是最基础且最大的系统，即 ERP（Enterprise Resource Planning，公司资源计划） 系统；第二个级别的人力资源管理系统是信息系统，即包含较多人力资源功能的 Core HR 系统；第三个级别的人力资源管理系统是针对具体模块和功能的子系统，即单点软件系统。

这三个级别的人力资源管理系统在公司中会出现并存的现象。对公司来说，客观看待不同级别的人力资源管理系统涵盖的功能是非常重要的。公司在上线了人力资源管理系统后，通常不会通过外部的供应商进行人力资源管理，而是将其交给 HR 负责。

不过，很多 HR 目前还在用手工的方式录入数据。例如，员工提交了简历，HR 将上面的内容输入人力资源管理系统中。这种方式不仅要消耗大量的时间成本和人工成本，还会出现数据污染的问题。如果 HR 想要通过人力资源管理系统进行数据的录入并维持数据的动态稳定，可以从以下几个方面入手。

第一，HR 可以借助外部的接口对数据进行校验。例如，员工的身份证号或手机号的录入可能出现错误，此时 HR 就可以通过“三要素验证”对其进行校验。甚至有些 HR 已经通过区块链、AI、大数据等技术自动抓取数据，以减少录入的失误。

第二，HR 可以通过采集员工的行为数据替代录入数据。例如，之前的考勤数据来自考勤表，HR 需要将考勤表中的数据录入电脑。现在，只需要员工在考勤系统上打卡，系统就能将这个行为自动转化为数据存储起来，这样可以保证数据的真实、有效。

当然，如果公司还是坚持让 HR 维护数据，那么就应尽量减少人工校验。但需要注意的是，当数据比较少时，人工校验的准确性还可以保证；一旦数据增多，人工校验就会出现数据污染等问题，之后再进行数据清洗就会浪费大量的时间与成本。

在这种情况下，SaaS（Software-as-a-Service 的缩写，意思为软件即服务）受到了广泛关注。5 年前，公司对 SaaS 是持怀疑态度的，现在，大家对 SaaS 的接受度明显提高了，越来越多的公司愿意选择 SaaS 产品，因为它自身附带很多安全性工具。

有些公司的需求比较固定，SaaS 产品能直接帮助其解决点对点的问题，并且能适应业务的快速变化。对已经有完善的人力资源管理系统的公司来说，如果想要优化一些模块的功能，可以选择与外部的 SaaS 供应商对接，减少维护人力资源管理系统的时间和成本。

51 社保旗下有集软件与服务为一体的 SaaS 平台，其技术水准随着时代的变革也在不断提升。51 社保可以为公司做专业的事，帮助公司建立批量化、现代化和自动化的人力资源管理系统。此外，51 社保还会帮助公司搭建人力资源体系，并实现稳定、可靠的成果交付。

在人力资源管理越来越重要的背景下，很多公司的需求会越来越多样化，希望有个性化的人力资源管理系统出现。因此，51 社保上线了开放平台，为需要数据服务的公司提供支持。在 51 社保的帮助下，公司的人力资源管理系统会顺利完成信息化转型。

11.1.3　提高效率，聚焦核心能力

之前，HR 可能更多地关注事务性工作，现在，HR 会适当地将人

力资源管理工作外包或合包出去，这种变化其实反映了一个趋势，即 SSC（效率化）提升。在描述效率化时，我们认为应该从三个方面入手，这三个方面可以揭示效率化的本质，如图 11-2 所示。

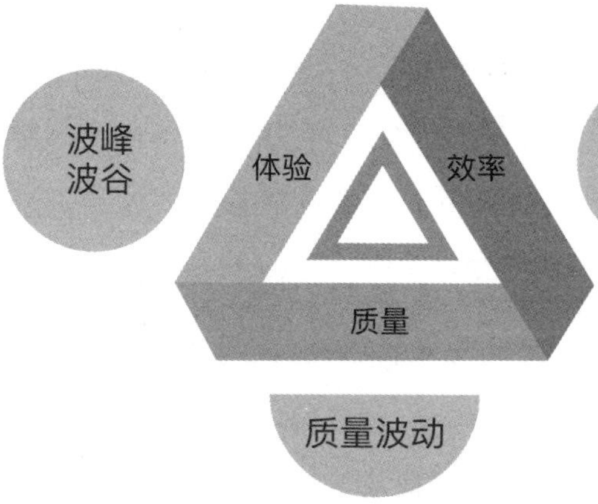

图 11-2　效率化的本质

（1）成本病。美国经济学家威廉 • J.鲍莫尔（William J. Baumol）在 1967 年发现了服务业的成本病，提出了汽车生产与艺术表演的简化思考模型：技术促进了汽车业的快速发展，劳动生产率提升，汽车生产需要的工人越来越少；几百年前，莫扎特四重奏需要四个人表演，几百年后依然需要四个人，这意味着劳动生产率停滞，形成成本病。

（2）质量波动。在人力资源管理中，HR 的服务面临着员工需求广泛且多变的难点；薪酬交付面临着各地差异大、政策复杂多变、专业要求高等难点；员工管理面临着能力差别、情绪波动、突发疾病等情况。因此，进行稳定的、体验更好的人力资源管理便成为 HR 的重要任务。

（3）波峰波谷。HR 的服务是按需、实时交付的，无法提前库存。员工的需求和交付零时差或微时差，会产生具有高弹性的波峰波谷效应。在这个效应面前，HR 需要弹性配置服务资源，这对 HR 来说是不小的挑战。

基于效率化的本质，HR 要建设“SSC+外包”体系，即通过服务 3.0 思维打造优质的外包服务。在这个过程中，选择合适的人力资源服务提供商非常重要。如今，人力资源服务提供商提供的服务可以分为三个时代：1.0 农业时代、2.0 工业时代、3.0 互联网时代，每个时代都有自己的特色和优势，如图 11-3 所示。

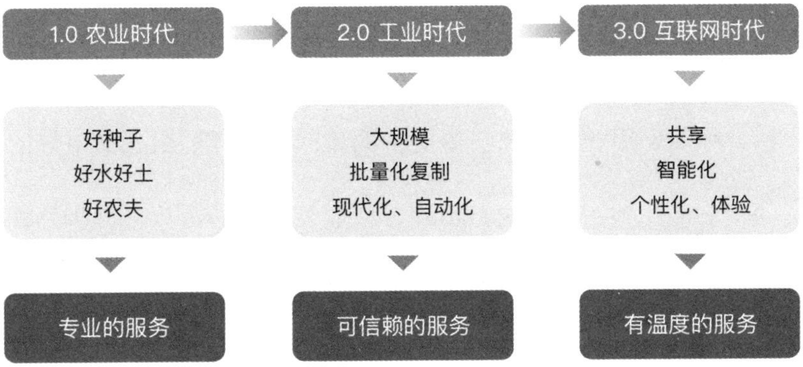

图 11-3　人力资源服务提供商提供的服务的三个时代

由图 11-3 可知，这三个时代的变化是从专业的服务到可信赖的服务，再到有温度的服务。现在正处于 3.0 互联网时代，HR 要注重服务的温度，面向不同的个体提供个性化服务。很多公司可以留住人才，其实就是因为有一套标准化的服务体系。

当 HR 所做的人力资源管理工作能够取悦一部分员工而难以取悦所有员工时，公司就要依托技术做到“千人千面”，根据员工的个性化需求为其提供完美的解决方案。这便是有温度的服务，也是适用于 3.0 互联网时代的服务。

11.1.4 借势而为

经过新型冠状病毒肺炎疫情的“洗礼”，我国乃至全球的公司都受到了影响，这种影响当然也体现在了人力资源管理上。尽管目前的情况发生了很大变化，HR 还是可以从中挖掘机会，借势而为，以帮助公司应对挑战，获得更大的成功。

首先，HR 要想方设法提升人效。在这里，我们为 HR 提供 4 个建议。

（1）缩编：用更少的员工做更多的事或用同样的员工做更好的事。

（2）职能调整：坚持客户第一，以业务为中心，以绩效为导向。

（3）制度流程简化：剔除不必要的管理行为和环节。

（4）组织架构合并：资源统一调配，减少管理岗位，充实一线岗位。

其次，HR 要进行自我修炼，不断提升自己的管理能力，具体可以从以下几个方面入手。

（1）极限施压：制定高目标，掌握极限施压的方法与程度。

（2）三层三感：给基层员工安全感，给中层员工公平感，给高层员工目标感。

（3）对自己狠：平庸的人才总是处于最佳状态，HR 必须想办法做一些有挑战性的事。

（4）正确审视自己：人经常会高估自己，低估别人。HR 可以在评估自己时保守一些，在评估员工时大方一些。

（5）勇于试错：管理者的价值就是处理没有共识的难题。如果遇到这样的难题，HR 要不断向前摸索，根据试错的结果调整自己的状态和方案。

（6）直面恐惧：人在害怕时表现出来的勇敢才是真正的勇敢。HR 要勇于迎难而上，切勿一遇到挫折就自暴自弃。

最后，HR 要弥补公司的管理短板。形式主义（领导经常开会，但议而不决）、本位主义（各部门相互"甩锅"，只顾自己的 KPI）、组织臃肿（某个部门的员工看似很多，但其实没有一个员工在真正担责）等因素已经成为很多公司的管理短板。

为了弥补这些管理短板，HR 要对内部管理进行升级，具体可以从以下几个方面入手。

（1）整合组织架构。整合组织架构的方法有两种：横向整合，即打破部门之间的壁垒，将有相同业务的部门合并；纵向扁平化，即简化汇报和决策等流程，提升运营和管理效率。

（2）以任务为导向，复合利用人才。HR 可以赋予员工多种角色，根据角色为其安排任务。换句话说，员工是一块"砖"，哪里需要就"搬"去哪里。

（3）员工精英化，实现个人高单产。人效提升意味着更少的员工做更多的工作，但并不等同于缩编减员。HR 可以招聘更优秀的人才，让这些人才拿两倍的工资做三倍的工作。

（4）向合作伙伴借力，将部分工作外包。这就是我们之前说的让专业的机构做专业的事，HR 可以将部分工作外包给第三方机构。

对公司来说，成长和发展的过程就是应对挑战的过程。每一个挑战其实都是一个台阶，只有成功迈过这个台阶的公司才能看到更美的风景。在面对挑战时，公司要建设更灵活的组织，HR 要采取更新的人力资源管理模式，这样才可以最大限度地顺应时代，并取得成功。

11.2 HR 的得力助手——e-HR

所谓 e-HR，即电子人力资源管理，是指通过应用技术实现人力资源管理的电子化和信息化。e-HR 可以有效降低公司成本，提高管理效率，改善人力资源管理系统中存在的不足。

11.2.1 e-HR 的三个发展阶段

e-HR 的应用可以有效促进人力资源管理的标准化、专业化。e-HR 自产生以来大致可以分为三个阶段，如图 11-4 所示。

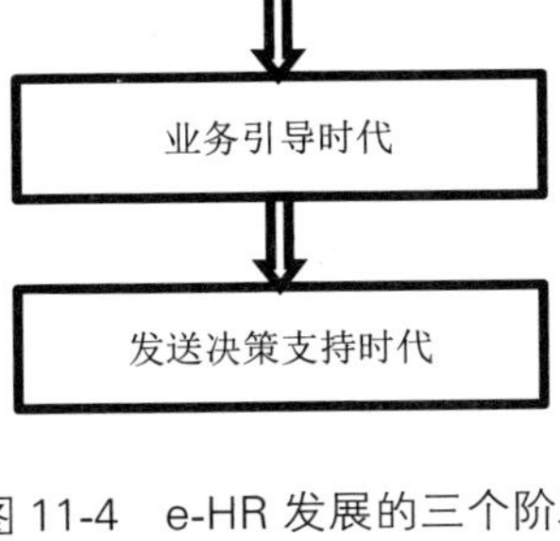

图 11-4 e-HR 发展的三个阶段

在第一阶段中，e-HR 主要通过数据输入输出的手段，处理一些可以实现信息化的简单工作，如员工薪酬计算、绩效考核等。在第二阶段中，e-HR 可以在线上完成部分的人力资源管理工作。但在这一阶段中，由于管理本身的复杂性，e-HR 很容易造成员工管理的流程化、模式固定化，不能及时结合实际进行调整。而在第三阶段中，通过之前积累的大量数据，结合 AI、云计算、大数据等技术的运用，e-HR 可以为公司的人力资源管理提供有效的规划及指导，如建立员工胜任力模型、实现员工线上培训等。

11.2.2 e-HR 在人力资源中的作用

在传统的人力资源模式中，HR 的工作常偏向事务性，招聘、培训、薪酬、绩效等各项工作需要耗费 HR 大量的精力及时间。在这种情况下，HR 很难再去顾及人才的经营和管理，自然不利于推进长久的人才战略。

e-HR 的应用及普及可以有效地帮助 HR 摆脱繁杂的事务性工作，使其更多地关注员工的培养、发展及管理，为公司发展提供更多的战略性支持。e-HR 在人力资源中的作用具体可以体现在图 11-5 所示的几个方面。

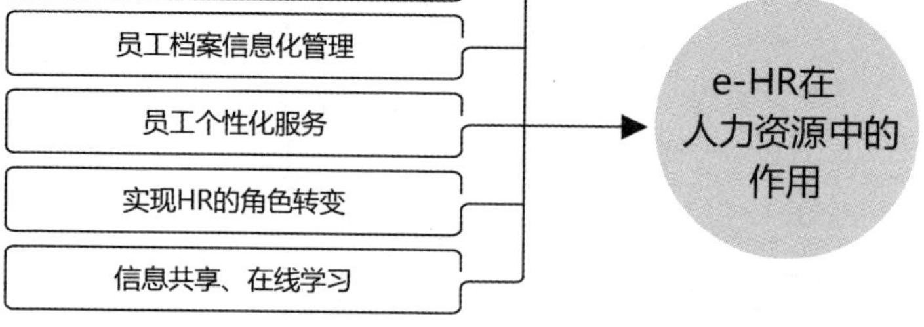

图 11-5　e-HR 在人力资源中的作用

e-HR 的应用为人力资源管理提供了更多的可能性，不仅使公司的人力资源管理更加高效、专业，也有效降低了公司的人工成本。

11.2.3　在 HR 进阶之路上，效率不是唯一终点

使用以 e-HR 为代表的技术工具是公司发展的一个重要战略，其与人力资源管理的高效统一将影响公司的未来。例如，在 e-HR 的助力下，从员工提交社保服务单到完成服务可能只需要 3.6 秒，而传统的社保服务往往需要几分钟，甚至几十分钟；e-HR 让薪酬发放时长缩短至 2 分钟以内，而传统的薪酬发放则由 HR 统一负责，可能需要几小时，甚至几天。

当然，这只是 e-HR 为公司服务的“冰山一角”。很多 HR 对 e-HR 给社保和薪酬带来的变化感受不强烈，觉着无非就是每个月从员工的工资里扣掉，整个过程好像很简单，但实际上不是这样的。e-HR 为公司和 HR 带来的不仅是效率提升，更重要的是体验和保障。

以社保为例，其整个业务是非常复杂的，因为大部分城市的社保流程和社保政策可能都不一样。如果 HR 要面对 130 个城市的社保，那么可能需要对接 100 多套不同的社保流程和社保政策。此外，在不同的城市办理社保需要的材料也不同，这也是 HR 要解决的问题。

每年的 3 月到 7 月通常是 HR 最繁忙的时间，因为可能会涉及社保基数调整。如果社保基数和之前不一样，那么 HR 就要为员工重新计算社保费用。有的城市会在 7 月调整社保基数，在 8 月调整公积金，在 9 月调整医保政策，这就更加大了 HR 的工作量。

为了让 HR 和公司更好地完成人力资源管理工作，51 社保的 100 多

个工程师进行了 6000 多次测试，推出了 e-HR 系统。该系统有大约 20 个模块，每个模块通常由 3～8 个人负责，可以充分保证效率。

此外，51 社保还开发了 101HR 系统，为标准劳动者和派遣劳动者提供社保、薪酬、商保等一站式服务。与 101HR 相似，海握科技的 HiWork 为灵活人群提供收入发放、报税等服务。这两家公司为了更好地提供服务，研发了 40 多项专利，包括 RPA、UKey 管理等。

为了提升社保和其他业务的效率，UKey 管理设备可以发挥作用。HR 在办理业务时如果使用 UKey 管理设备，则可以实现人力资源管理的有序化、在线化、可审计化。这不仅提升了 HR 的操作效率，也使 HR 可以完整地记录 UKey 管理设备的使用情况。

公司如果想发展得好，就要开放，广泛使用其他专业机构提供的资源，而自己则聚焦核心业务。e-HR 的发展趋势是让不同的程序能够更好地融合，从而让 HR 和员工有更好的体验。例如，51 社保的 e-HR 系统就融合了 API 等程序，可以为公司提供薪酬发放等多种人力资源管理服务，让 HR 的操作变得更简单。

国内的一些大型公司将 e-HR 作为办公工具，让 HR 甚至不需要操作，只需要点击确认一下就可以实现即时提交、即时获取的结果。在这方面，51 社保也进行了一系列尝试，在员工通过 e-HR 系统填写自己的信息后，该系统就会自动完成相关服务。

e-HR 不仅通过线上化、自动化、智能化等优势提升了公司的运营效率和 HR 的工作效率，也带来了员工体验的提升，未来将获得更好的发展。

11.3 新时代的 HR

时代发展赋予了 HR 新的含义，作为新时代的 HR，需要理智与情感兼具，借助科学的力量建立工作自动化流程，用 AI 思维打造智能战略系统。

11.3.1 特征：理智与情感兼具

随着科学技术的不断发展，世界的扁平化趋势也逐渐凸显，在公司可以通过迅速复制使规模越来越大的情况下，个体通过科学技术赋能所产生的力量也比之前更加强大，人才则成为当下世界发展的核心力量。这样的时代特征对 HR 提出了更高的要求，即不断提升专业能力，做到理智与情感兼具。

其中，理智是指用数据驱动思维去发现、理解、解决工作中遇到的各种问题。2016 年，美国一家知名公司在 HR Tech 领域投入了一大笔资金，其市场规模甚至达到了 140 亿美元。因此，HR 要想尽快脱离传统的工作流程和陈旧的管理方式，从而实现转型，就必须对以AI为代表的新兴技术保持高度敏感。

情感是指了解员工在工作过程中所产生的情绪和感受，实现以人为本的员工管理。通常来讲，员工的工作时间要长于与家人待在一起的时间。在这种情况下，员工对工作体验的期望便会越来越高，不仅想要多元的文化，还想要技能和心灵的双向成长。

如果将员工看成“上帝”，那么HR就要用心去设计每一个与员工交互的界面。对新时代的HR而言，如果兼具了理智和情感，不仅可以提高工作的质量和效率，还可以在一定程度上避免自己被淘汰，可谓一举两得。

11.3.2 能力：建立工作自动化流程

HR每天都要做各种各样的工作，在这种情况下，如果没有一个精简、合理的流程，那么就会浪费很多的时间和精力，从而对公司发展产生不良影响。而那些优秀的HR基本上都有自己的一套工作流程，例如，什么时候应该做什么工作，哪些问题需要找领导确认等。因此，流程中的各项工作都可以在最短的时间内顺利完成，效率有了大幅度提高，自己也更容易得到领导的认可和赏识。

在通常情况下，流程是指工作进行中的顺序、步骤的布置和安排。具体来说，在公司中，流程是指为了完成具有操作性、执行性、系统性的某项工作，而制定的一个过程管控和规范，如十分常见的招聘流程、培训流程、入职流程等。但如果只是机械化地建立自动化流程，很可能会导致目标的缺乏和方向的偏移，同时还有可能出现强大动力变成巨大阻力的现象。因此，在流程管理学科中，流程被赋予了明确的概念：以规范化地构造端到端的卓越业务流程为中心，以持续地提高组织业务绩效为目的的系统化方法。总结起来就是，规范业务流程，并使业务绩效获得一定程度的提升。

必须注意的是，HR 在规划自己的流程时，需要深入理解公司的业务发展关系、员工管理程序等，而不是仅站在个人的角度看待问题。如今，流程的重要性已经越来越明显，HR 通过借助科学技术的手段，建立工作自动化流程，可以有效提高工作效率，促进其工作从业务处理到战略支持的转变。

11.3.3　技术：用 AI 思维打造智能战略系统

对新时代的 HR 而言，拥有 AI 思维，并学会用其打造智能战略系统是非常必要的。在这一过程中，最关键的一个因素是预测性模型。在部分专家、学者看来，预测性模型可以在很多方面发挥作用，如柔性人员管理的需求。

目前，分享经济和众包市场都获得了较为不错的发展，这也导致了劳动力管理需求的改变。在传统模式中，人力资源都是由 HR 计划和安排的，但现在 HR 可以利用 AI 思维，根据公司的需求预测来调整和分配人力。

在大数据信息的基础上，AI 可以帮助 HR 对员工的流失进行分析和预测，同时还可以提出防止优秀员工流失的最佳方法。Hi-Q Labs 是一家初创公司，于 2017 年开发了一种仅通过外部数据就可以预测工作人员留存率的方案，而且其准确度甚至超过了用内部数据进行的预测。

由此可见，拥有了以数据驱动为基础的指导，HR 就可以掌握留住优秀工作人员的可行性方法。同理，AI 思维还可以应用于人力资源管理的各个方面。虽然现在的技术并不能达到真正意义上的智能，但不得不说的是，针对公司中的人力问题，一些独具特色的 AI 解决方案已经被提出。可以预见，未来 AI 将会更深入地融入人力资源管理的各个环节。